Christina Donnell, Ph.D.

sonhos e transcendência
descubra os mistérios do seu potencial

Tradução: Brazil Translations & Solutions
Prólogo de Larry Dossey, M.D.

Título da edição original: Transcendent Dreaming: stepping into our human potencial.
English edition do Copyright © 2008 by Christina Donnell.
All rights reserved.

Direitos da edição em Português © 2009.
Editora Vida & Consciência Ltda.
Todos os direitos reservados.

Direção de Arte: Luiz A. Gasparetto
Projeto Gráfico: Daniel P.
Preparação e Revisão: Fernanda Rizzo Sanchez

1ª edição – Maio 2009
5.000 exemplares

Dados Internacionais de Catalogação na Publicação (CIP)
(Câmara Brasileira do Livro, SP, Brasil)

Donnell, Christina
Sonhos e transcendência : descubra os mistérios do seu potencial /
Christina Donnell ; prólogo de Larry Dossey ; [tradução Brazil Translation & Solutions].
-- São Paulo: Centro de Estudos Vida & Consciência Editora.
ISBN 978-85-7722-052-6
Título original: Transcendent dreaming: stepping into our human potencial.
Bibliografia. 1. Sonhos 2. Sonhos - Interpretação 3. Consciência 4. Espiritualidade
5. Autoconhecimento I. Dossey, Larry. II. Título.

09-00146   CDD-154.634

Índices para catálogo sistemático:
1. Sonho transcendental : Psicologia 154.634 2. Sonhos : Psicologia 154.634

Publicação, distribuição, impressão e acabamento:
Centro de Estudos Vida & Consciência Editora Ltda.
Rua Agostinho Gomes, 2312
Ipiranga – CEP 04206-001
São Paulo – SP – Brasil
Fone/Fax: (11) 3577-3200 / 3577-3201
E-mail: grafica@vidaeconsciencia.com.br
Site: www.vidaeconsciencia.com.br

Proibida a reprodução total ou parcial desta obra, de qualquer forma ou por
qualquer meio eletrônico, mecânico, inclusive através de processos
xerográficos, sem permissão expressa do editor (Lei nº 5.988, de 14/12/73).

Você, que dá vida nova a este planeta,
você, que transcende a lógica, venha.

Jalaluddin Rumi

Prólogo de Larry Dossey, M.D.	6
Prefácio	10
Introdução: O sonho	16
Sonho 1: Uma mudança radical na consciência	24
Sonho 2: Atravessando o limiar da realidade comum	36
Sonho 3: Rompendo com a ilusão de tempo e espaço	40
Sonho 4: Fundindo-se com o sonho	46
Sonho 5: Materialização e desafio da realidade convencional	54
Sonho 6: Transcendendo o tempo	62
Sonho 7: Reconfigurando energia	70
Sonho 8: Domínio com a natureza	78
Sonho 9: Compartilhando a criação com a consciência	84
Sonho 10: O viver transcendental em um mundo linear	90
Conclusão: O humano transcendental	96
Notas	100
Leitura sugerida	102

prólogo

Sonhos e Transcendência, de Christina Donnell, é um dos relatos mais profundos de sonhos já escritos por uma ocidental – destinado, creio eu, a tomar seu lugar no cânone da literatura do sonho.

Para Donnell, o sonho se tornou um caminho espiritual noturno que culminou em percepções descritas pelos maiores místicos ao redor do mundo. Estes incluem a entrega do eu ou ego a uma identificação com uma inteligência universal, mudando do fazer ativo a um estado de ser, renunciando uma atitude de o-que-é-bom-para em favor de uma consciência de harmonia e perfeição pré-existentes; transcendência do tempo linear e causalidade rígida; de uma mudança do raciocínio intelectual e analítico a uma aceitação humilde de mistério profundo; e de uma experiência difundida de admiração e alegria.

A consciência de Donnell não veio completamente formada, mas se estabeleceu no decorrer de muitos anos. Ela passou dezoito anos praticando artes marciais e meditação Zen, mergulhou em tradições dos curandeiros nativos Q'ero da América do Sul, obteve um Ph.D. em psicologia clínica e praticou sua arte por quase duas décadas, comunicando livremente suas percepções aos outros em seminários pelo mundo.

Meu interesse nas experiências de Donnell provém de uma vida na medicina, que inclui experiências pessoais que afirmam seus *insights* fundamentais. Tive sonhos pré-cognitivos, que algumas vezes foram misteriosamente proféticos, e meus pacientes compartilharam experiências semelhantes comigo. Passei duas décadas concentrada na pesquisa de cura que mostra que as intenções compassivas, religiosas e amorosas de um curador podem gerar influências curadoras à distância, ainda que o receptor pudesse não ter noção de que elas estivessem sendo oferecidas. Atualmente, centenas de estudos revelam resultados estatisticamente significativos tanto em humanos quanto em não-humanos, incluindo animais, plantas e até micróbios. Como a maioria dos médicos, vi curas radicais inexplicáveis por métodos convencionais parecendo ocorrer como uma benção, uma graça.

A importância primária dessas conclusões e das percepções de Donnell não é que elas constituem uma ferramenta terapêutica para o médico, embora possam de fato ser usadas para promover totalidade e cura. Sua importância principal é que elas nos falam sobre a natureza da consciência. Apresentam-se como uma descrição da mente infinita em espaço e tempo – o que chamo de mente *não-local*. As implicações da mente não-local são profundas, porque se algum aspecto de nossa consciência é infinito ou não-local com relação ao espaço, é onipresente, e se for infinito ou não-local com relação ao tempo, então será imortal ou eterno. A mente não-local, portanto, afirma a existência do que foi tradicionalmente chamado de alma. Na dimensão que ela chama de Sonho, Christina Donnell conheceu seu ser não-local como uma realidade viva.

Ao deparar primeiramente com as experiências de sonho, Donnell descreve – despertando o potencial para profecia, vidência, transcender o tempo, materializar e mais – que muitos indivíduos são tentados a vê-las pragmaticamente. Para que servem estas percepções? Como podem ser *usadas*? Na verdade, elas *podem* ser usadas para fins práticos, mas limitar a visão de cada um às considerações utilitárias vulgariza tais visões sublimes, às vezes fazendo com que as pessoas usem o conhecimento para manipular e controlar os outros, um risco frequentemente reconhecido no caminho espiritual. Donnell, de maneira louvável, simplesmente contornou e superou esse obstáculo.

Será que o Universo criou Christina Donnell e este livro por causa de uma necessidade urgente num tempo de desespero? Somos tentados a pensar que sim. Em meio à destruição dos *habitats* e espécies naturais atuais, epidemias de doenças antigas e recentes, pobreza opressiva e fome difundida, genocídios persistentes, fanatismo religioso e terrorismo global, o medo do "outro" é extremo, levando nações a se armarem até os dentes em preparação para Deus sabe o quê. A visão de Donnell revela que essa loucura pode ser superada. No Sonho, ela viu e participou de uma unidade com toda a criação. Se devemos prosperar como espécie, a realização desta conectividade, essa teia de vida, é crucial.

O testemunho de Donnell deixa os leitores com dúvidas: "Será que posso ter essas experiências?", "Posso ir aonde ela foi?". A resposta é sim. Você já está lá. Você tem apenas que se dar conta disso.

Agradeço profundamente a Christina Donnell por mostrar o caminho.

Larry Dossey, M.D.
Autor de *The power of premonitions*, *Healing words* [As palavras curam] e *Recovering the soul*.

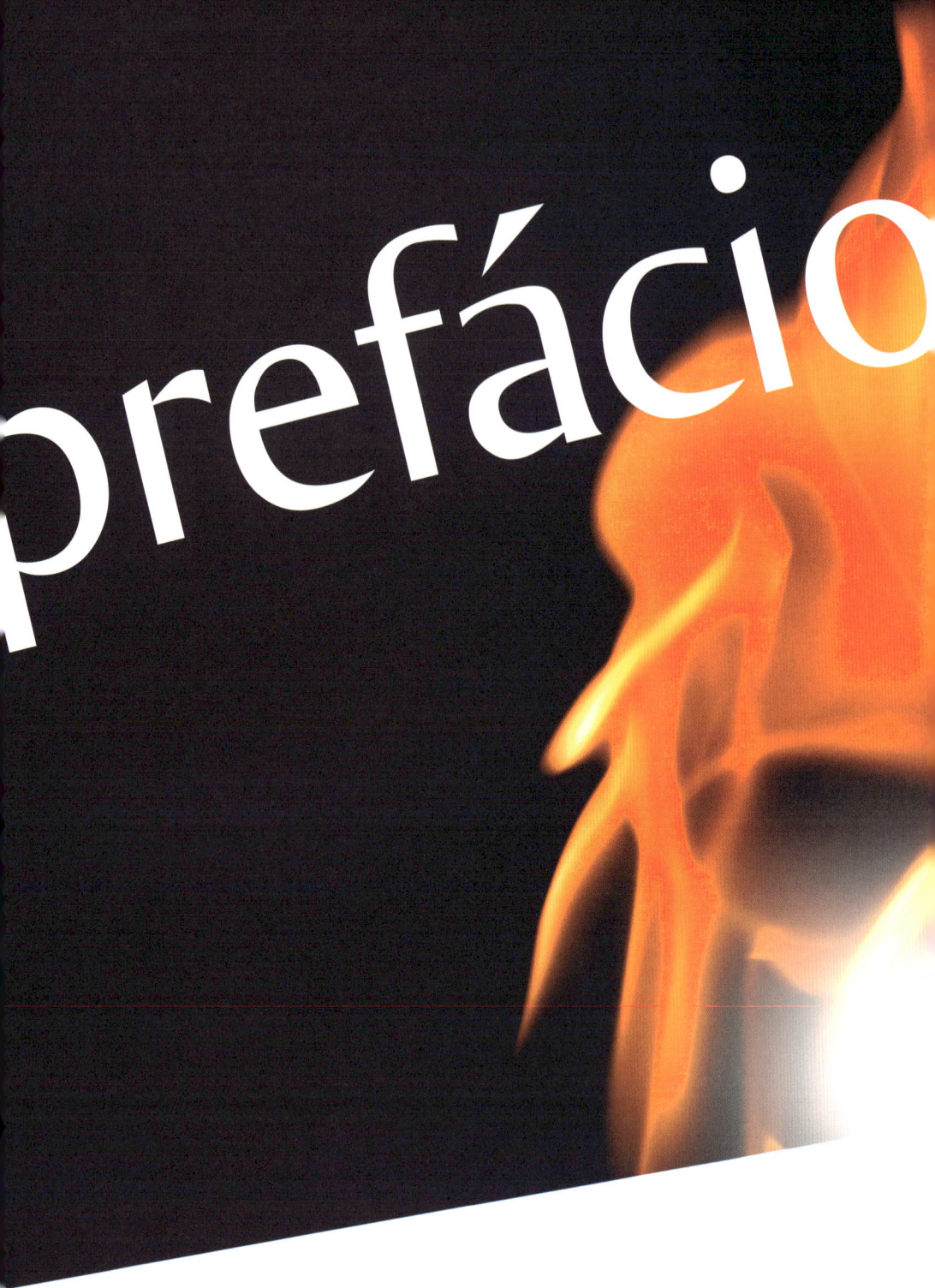

prefácio

Para mim, o sonho é um impulso dentro de minha alma. Vim a este mundo como uma sonhadora exímia. Quando era uma garotinha, mal podia esperar para ir para a cama à noite porque nos meus sonhos voaria com grande habilidade, tornando divertido viver constantemente acontecimentos novos ou familiares. Aos sete anos, escrevi meu primeiro livro, uma pesquisa de seis páginas sobre cantos religiosos afro-americanos. Dado que eu estava sendo instruída em uma escola elementar predominantemente branca, minha professora e meus pais ficaram perplexos com minha escolha de tópico e me perguntaram como eu sabia as letras de cantos religiosos afro-americanos. Lembro-me de ter-lhes dito que tive um sonho no qual as pessoas haviam me ensinado, cantando-os para mim.

Às vezes os sonhos alteram inteiramente o curso de uma vida. Em dezembro de 1990, quando tinha vinte e oito anos, tive minha primeira experiência desse tipo, um sonho profético, no qual presenciei os momentos de vida finais de meu pai e sua morte subsequente. No sonho, era uma manhã fria de inverno e vi a respiração de meu pai embaçar o ar na medida em que ele descarregava os brinquedos de seus netos do carro da família. Presenciei-o examinando a fazenda de quarenta acres onde havia criado sua família, beijando o lado da cama onde minha mãe dormia e mandando o cachorro da família proteger a propriedade. Então foi de carro até o mercado local, onde comprou uma Mountain Dew[1] e disse ao dono que vivesse cada dia plenamente. De volta ao carro, tirou uma antiga foto da família de dentro de sua carteira, beijou-a e guardou-a. Em seguida, dirigiu em direção à cidade, mas acabou numa estrada rural. À medida que o carro acelerava, saiu do rumo da estrada, batendo num carvalho grande e velho. Com o impacto, fui arremessada

---

[1] Mountain Dew: bebida não-alcoólica fabricada pela Pepsi nos Estados Unidos. O refrigerante é de sabor cítrico, adorado pelos americanos (Nota do Revisor).

para fora de meu corpo no sonho e entrei num estado de união extática, coexistindo com meu pai como consciência pura, ambos olhando para seu corpo sem vida. Naquele estado, sofremos uma troca que me fez ver que não há distinção alguma entre a morte e o divino. Finalmente, senti vagamente meu corpo e acordei do sonho.

    Na época do sonho, meu pai estava com a doença de Lou Gehrig conhecida também como ELA [Esclerose Lateral Amiotrófica] e havia sido dado a ele menos de seis meses de vida. Embora não pudesse explicar a experiência de me tornar absolutamente consciente e de coexistir com ele num estado extático, presumi que o sonho tivesse acontecido porque minha psique estava me preparando para sua morte iminente. Na manhã seguinte ao sonho, compareci, como de costume, ao meu emprego. Era diretora da clínica de transtornos de ansiedade do Departamento de Psiquiatria do Centro Médico St. Paul Ramsey. No meio da manhã um colega de trabalho veio ao meu consultório e disse que meu pai havia morrido num acidente de carro.

    No dia seguinte, quando cheguei à minha casa de infância, em Michigan, para o funeral, os acontecimentos normais que cercam uma morte estavam em andamento. Não disse nada sobre meu sonho, embora meu irmão mais novo perguntasse se eu gostaria que ele comentasse o que viu do corpo de nosso pai antes de ele ter sido cremado e eu respondi: "Não, mas seu maxilar estava destruído, não estava?". Sem questionar como eu poderia saber esta informação, ele respondeu: "Sim, acho que foi melhor você não ter visto o corpo".

    Depois do funeral, a conversa se voltou à possibilidade de meu pai ter tirado a própria vida, o que novamente me fez pensar sobre a natureza profética do sonho. Finalmente, os pertences pessoais de meu pai foram dados à minha mãe e, da carteira de meu pai, ela tirou a mesma foto da família que eu o tinha visto beijar no sonho. Inicialmente, estava apenas preocupada por estas coincidências entre meu sonho e a realidade. Mas o choque de presenciar aos poucos mais manifestações dos detalhes precisos do sonho por fim me forçaram a confrontar possibilidades de consciência ampliada por meio de sonhos que jamais poderia ter imaginado antes, incluindo profecia e experiência de consciência sem limites.

Após viver aquele sonho e os acontecimentos subsequentes, sabia de três coisas: o sonho foi profético; havia acessado outra dimensão da realidade; e há um conhecimento mais amplo e mais profundo disponível nos sonhos do que o oferecido pela realidade cotidiana. O que eu não sabia era como havia tido o sonho. Também não sabia que aquela era apenas a primeira de muitas experiências de sonhos semelhantes, e que minha vida dali em diante tomaria um rumo notavelmente diferente.

Após o sonho profético sobre a morte de meu pai, pedi demissão de meu emprego na clínica, abri um consultório particular e viajei até as culturas nativas para investigar perspectivas xamânicas. Continuei também meu treinamento em meditação Zen e Karate Shotakan, coisas que havia começado pouco antes da morte de meu pai.

Então, em 1996, tive outro sonho importante que mudou radicalmente minha consciência. O sonho, sobre um jaguar preto impressionante, descrito no primeiro capítulo deste livro, confirmou para mim que eu estava aos poucos despertando para a verdadeira fonte de meu ser, rumo ao potencial ilimitado inerente dentro de cada um de nós como seres humanos.

Pelo fato de o tipo de sonho que eu estava experimentando diferir de qualquer outro que eu tivesse conhecido ou lido a respeito, hesitei por muitos anos para escrever sobre os episódios, duvidando se eles seriam aceitos como verdadeiros. Mas conforme os sonhos aconteciam, percebi que embutido em tais experiências estava um plano para uma humanidade transcendental que poderia contribuir com o despertar de nosso potencial humano infinito.

Estava familiarizada com o trabalho pioneiro de Carlos Castaneda sobre o sonho, e havia igualmente tido a experiência de ser uma sonhadora e intermediária entre o mundo cotidiano e o mundo invisível. Mas enquanto nos escritos de Castaneda a experiência do sonhador era frequentemente antagônica ou predatória, e, portanto sugestiva de separação, os sonhos que eu estava tendo evocavam, ao contrário, uma comunhão clara com a energia por trás do mundo visível. Partindo de uma visão muito parecida com a de Castaneda, duas tradições sobrepostas haviam se enraizado dentro de mim: o costume antigo na literatura Asiática de explorar caminhos para alcançar a unidade, e nas Américas de usar sonhos para enriquecer percepções humanas.

Por fim, tornou-se claro que minha história pessoal – dezoito anos de prática de artes marciais e meditação Zen, dezesseis anos de treinamento xamânico, e formação como psicóloga clínica – ofereceu-me o modelo para o desdobramento do que agora chamo de "sonho transcendental". Uso a palavra *transcendental* para enfatizar uma mudança que minha jornada sofreu desde a identificação com o eu individual até a identificação com nossa natureza verdadeira, ilimitada, conectada com a inteligência divina que dá vida ao Universo.

Sonhos e transcendência é para as muitas pessoas que estão agora despertando para seu potencial humano latente. De um modo, este livro tenta o impossível – descrever estados além da razão e linguagem. Espero que compartilhando minhas próprias experiências de sonho, eu ajude a aumentar a consciência dos leitores sobre o potencial inexplorado dentro de cada um. Ao menos, que eu possa transmitir a promessa inerente em uma vida vivida da fonte verdadeira de nosso ser: o florescer da paz interior, a totalidade e a alegria independentes de condições externas, e a maravilha de fundir-se com o Criador de todas as coisas.

ntrodução

O Sonho

Sonhar não é apenas ter sonhos, devaneios ou imaginar. Sonhar abre outros âmbitos e envolve tanto processos corporais quanto níveis de consciência mental. Por meio do sonho percebemos e participamos de realidades que podemos descrever, embora não possamos explicar o que nos faz percebê-las. Ao sonhar, dormindo ou acordado, você sofre uma mudança energética na qual sua identidade comum relaxa e um "você", que tudo engloba, sem forma, sai para interagir com o campo invisível maior no qual está vivendo. No sonho transcendental, você participa da inteligência divina que dá vida ao Universo.

Há três níveis básicos de sonho, cada um com suas próprias recompensas. No sonho comum, o sonhador é primariamente um participante passivo presenciando a forma de um sonho. O sonho comum pode ser uma fonte valiosa de percepções práticas sobre situações de vida significativas, tais como conflitos pessoais, relacionamento com os outros ou o propósito de vida de cada um. Este nível de sonho pode trazer entendimento e apoio para transformação pessoal que pode ter aplicações curadoras.

Outro nível de sonho é o sonho lúcido, que ocorre quando uma pessoa consegue despertar dentro de um sonho, manter a consciência de sonho, e frequentemente controlar o curso do sonho. Sonhos lúcidos também são muito mais vívidos do que sonhos comuns. Na medida em que um sonhador torna-se exímio em sonho lúcido, outras capacidades se abrem, tais como a habilidade de experimentar a consciência em mais de um lugar num dado momento, de interpenetrar matéria e de coexistir no mesmo lugar com corpos de um material semelhante.

O sonho transcendental tem todas as qualidades do sonho comum e lúcido, porém oferece mais. No sonho transcendental o sonhador tem consciência acordada enquanto se funde além da forma do sonho em sua fonte. A fonte do sonho é a mesma inteligência que guia a criação. Quando despertamos dentro dessa fonte, tornamo-nos unos com ela e nossa natureza infinita emerge. Desta forma, o sonho transcendental serve como ponte entre realidade manifesta e não-manifesta.

 O poeta místico persa do século XII, conhecido pelos ocidentais simplesmente como Rumi, escreveu sobre uma essência contínua que se move por meio da forma; como o Sol, sua presença é, às vezes, palpável, outras não, mas está sempre lá[1].Da mesma maneira, a inteligência que guia a criação é às vezes palpável, outras não, e ainda assim está sempre lá, gerando força de vida. Despertar dentro dela por meio do sonho transcendental é uma oportunidade tanto de testemunhar a criação quanto de participar conscientemente dela. Neste sentido, o sonho transcendental envolve uma entrega e uma mudança radical na consciência. Como uma forma de partilhar a criação, oferece, acima de tudo, um meio de apaixonar-se perdidamente pela criação.

 Um dos desafios na preparação para o sonho transcendental é compreender o conceito de realidades diferentes, mas simultâneas – a realidade tangível da vida cotidiana e o nível mais primário de realidade que dá luz a todos os objetos e aparências do mundo manifesto. A ideia de duas realidades poderem ser encontradas em quase todas as tradições espirituais. Budistas tibetanos as chamam de vazio e não-vazio; todas as coisas no Universo jorram do vazio num fluxo ilimitado e para dentro do não-vazio, o âmbito dos objetos visíveis[2]. Os hindus chamam o nível mais profundo de realidade de Brahma. O Brahma é sem forma e a fonte de todas as formas, que emanam dele e a ele retornam continuamente[3]. Os dogons, do Sudão ocidental, igualmente acreditam que o mundo físico esteja permanentemente fluindo *de* e jorrando de volta para dentro de um nível mais fundamental de realidade[4].Os taoístas chamam o nível primário de realidade de "O Tao [caminho, origem de todas as coisas] que não pode ser explicado", enquanto os americanos nativos se referem a ele como o poder do Grande Espírito. Os australianos aborígenes acreditam que a verdadeira fonte da mente esteja na realidade transcendental, ou o que eles chamam de Tempo do Sonho[5]. De modo similar, a noção que enfatiza todas as formas visíveis, tanto animadas como inanimadas, é fundamental às tradições xamânicas ao redor do mundo, é uma essência vital da qual emergem e pela qual são cultivadas.

Mais recentemente, físicos quânticos, tais como David Bohm, chamaram o nível mais profundo, mais primário de realidade, de ordem implicada ou coberta e referiram-se ao nosso mundo cotidiano como a ordem explicada ou descoberta. Bohm e muitos de seus amigos de trabalho acreditam que nossa consciência tenha sua fonte na ordem implicada da realidade[6]. O fato de muitos artistas, místicos e poetas terem desenvolvido a habilidade de usar a sabedoria que vem de um nível mais profundo de existência indica que nossa consciência pode de fato ser obtida no nível implicado da realidade.

Chamo esse nível mais profundo de realidade, essa inteligência criativa atrás e dentro da criação, de Sonho. É a força de vida de todas as coisas vivas – galáxias, seres humanos, e árvores – assim como o poder em corporações e comunidades. Enquanto um sonho comum é uma ação efêmera de formas, refletindo o mundo de um modo qualquer, mas não inteiramente real, o Sonho, a realidade da qual as formas vêm e para a qual elas retornam, é o absoluto atrás do relativo, o eterno atrás do temporal, o substrato que torna o sonho possível. O Sonho, ou consciência em si, é também sinônimo de essência solar que pode ser percebida e experimentada por meio do sonho transcendental.

O sonho transcendental difere de outras maneiras, assim como o sonho comum difere do sonho lúcido. Quando você desperta dentro de um sonho lúcido, você ainda tem um sentimento de separação. Você está observando o sonho. Em comparação, quando você desperta dentro de um sonho transcendental, você se funde com a experiência de sonho e, por fim, com o substrato do qual o sonho está ocorrendo, que é o Sonho. Quando você se funde com essa energia que criou a forma do sonho, você não sente separação alguma. O "eu" é dissolvido dentro do Um. Não há observador ou observação, apenas o observar.

Além disso, num sonho comum, você pode sonhar com uma rosa. Num sonho lúcido, você pode despertar dentro do sonho, ver a rosa, ver a si próprio cheirando a rosa e sentir sua fragrância. Num sonho transcendental, você desperta dentro do sonho, vê a rosa e se funde a ela. Não há você algum, fragrância alguma, e experiência de fragrância alguma. Você transforma-se na fragrância. Neste nível de experiência, não há fazer algum, apenas o ser e a experiência de realidade transcendental e nossa natureza infinita.

Em seu livro *Mastery of love* [Domínio do amor], Miguel Ruiz descreve a consciência transcendental resultante como a descoberta que você é uma força que permite seu corpo viver e sua mente sonhar. Ele diz que o Universo inteiro é um ser vivo movido por esta força[7]. De modo similar, em um sonho transcendental você sabe que não é seu corpo ou sua mente, porém sabe como nunca que você existe. Você conhece-se como consciência. Uma vez que descobre isso, não por lógica, mas por experiência, você também descobre que é uno com a força que organiza girassóis e galáxias, que move o vento e respira por meio do corpo.

O sonho transcendental permite que você experimente uma conexão com essa força imensurável, indestrutível, que é paradoxalmente você e ainda muito maior que você. Quando você por fim se funde com o Sonho, o limite entre consciência e matéria se dissolve, e você desperta para um novo estado de existência. Deste ponto de vista, falar sobre consciência e matéria como interação não tem significado algum. O observador *é* o observado – eles são o mesmo, exceto que existem em estados diferentes. É por meio dessa troca participativa que você desperta para a fonte verdadeira de seu ser e o poder ilimitado inerente dentro de você.

Em toda a história, muitos grandes místicos, profetas, homens e mulheres de talento entraram em contato direto com o Sonho e demonstraram a materialização e o poder que derivam do viver em conexão com essa força criadora. Por exemplo, Jesus foi uma incorporação perfeita desse potencial, demonstrado por sua habilidade de curar pessoas espontaneamente, acalmar o tempo e reaparecer num novo corpo, renascido com uma continuação de consciência. Ele revelou que por meio do amor do que ele chamou de Deus – o que eu chamo de Sonho – e o amor do outro como eu, podíamos ser radicalmente transformados e fazer o trabalho que ele fez.

Padre Pio, o famoso padre italiano, nunca deixou o Monastério de San Giovanni onde viveu, porém foi visto com as feridas de soldados no campo de batalha durante a Segunda Guerra Mundial e até no Vaticano consultando o papa. Pilotos de aviões de caça norte-americanos que estavam voando na proximidade de San Giovanni Rotundo, mais tarde relataram como haviam sido impossibilitados de bombardear a área após avistar a figura de um monge, às vezes uma aparição elevada nas nuvens[8].

Talvez as materializações mais famosas dos dias modernos sejam aquelas produzidas por Sathya Sai Baba, um homem sagrado do sul da Índia. Inúmeras testemunhas relatam terem visto Sai Baba estalar seus dedos e desaparecer instantaneamente, reaparecendo a cem ou mais metros de distância. Sai Baba pratica materialização dessa forma para ensinar as pessoas. Ele é principalmente conhecido por sua habilidade de produzir uma provisão inesgotável de *vibhuti* [cinza sagrada, que significa "glória de Deus"] de suas mãos[9]. Essas são apenas algumas das muitas figuras históricas que demonstram o potencial humano ilimitado que é privilégio de cada ser humano.

Para a maioria das pessoas, tal despertar não ocorre como um acontecimento isolado, transformativo, mas como um desdobramento gradual. Para os poucos indivíduos que experimentam um despertar repentino, dramático, há, contudo, uma evolução graduada na medida em que uma nova consciência integra-se em nossa vida. Quer aconteça de forma crescente ou constitua um grande avanço em consciência, o sonho transcendental desperta as habilidades transcendentais adormecidas nos seres humanos e são a herança natural da raça humana.

Este livro narra a experiência de uma mulher que despertou seu potencial humano latente por meio do sonho. Os capítulos enfocam dez de meus sonhos que melhor ilustram o processo de despertar para a nossa natureza transcendental. Estão organizados e sequenciados de modo que o leitor possa testemunhar as experiências do sonho na medida em que eles se desdobram, e aprender cada vez mais sobre sua importância para expandir a consciência e acessar a realidade transcendental. Reproduzi desta forma o desdobramento gradual de meu despertar, de minha desorientação que seguiu o primeiro sonho, à minha habilidade crescente de integrar essas experiências. Em casos em que os sonhos se materializaram e afetaram as vidas de pessoas específicas, seus nomes foram mudados e algumas circunstâncias ligeiramente alteradas para proteger as identidades dos indivíduos envolvidos.

As primeiras duas experiências de sonho relatam uma transformação radical inicial em minha consciência. O terceiro sonho revela quão estamos todos conectados e o que pode acontecer quando nossa consciência transcende o espaço. O quarto sonho enfatiza o impacto dos âmbitos sutis da realidade no mundo manifesto. Os sonhos cinco e seis mostram as mudanças profundas na consciência que ocorrem na fusão com a fonte dos sonhos, o que chamo de o Sonho. Enquanto o sétimo sonho marca um novo nível de consciência de um ponto de consciência externo ao corpo; o oitavo integra as experiências do sonho anterior. Os dois sonhos finais refletem a partilha da criação e o compromisso com um mundo linear de uma realidade multidimensional. O relato de cada experiência de sonho é seguido de reflexões sobre seu significado e sua importância no desenvolvimento de nossa natureza transcendental.

Por fim, este livro revela um caminho pelo qual podemos acessar nossa natureza infinita e contém um plano para uma humanidade transcendental. Inclusos também estão pensamentos sobre como viver no mundo comum após acessar essa realidade transcendental. Despertar para a verdadeira fonte de nosso ser e experimentar o Sonho inerente dentro de nós torna percepções e capacidades mais interessantes, além de quaisquer outras conhecidas em nosso mundo cotidiano, tornando nossas possibilidades ilimitadas.

Quando nos vemos unos com o Sonho, não há nem Terra nem céu – tudo é Sonho. A partir desse momento, alegria, conhecimento e amor perpétuos se tornam um modo de vida.

sonho 1
Uma Mudança Radical na Consciência

Meu primeiro sonho não-profético, que me revelou a mudança radical na consciência possível através do sonho, continha imagens que emergiram de minhas experiências com meditação Zen e treinamentos xamânicos. Na época, eu mantinha uma prática particular como psicóloga clínica e ministrava workshops *sobre xamanismo entre meus próprios treinamentos xamânicos e viagens ao redor do mundo.*

Nos seis anos anteriores havia sido instruída em meditação Zen por uma sensei *(professora) que me explicou que a mente é estruturada em camadas, como o Universo, da superficial à profunda. Ela disse que quando usamos a mente no nível superficial de pensamento comum, nosso poder é limitado. Mas quando a usamos para acessar níveis mais profundos de consciência, um tipo diferente de poder se torna disponível. A consciência nos níveis mais profundos da mente é capaz de criar universos. Ela acrescentou: "Você deve serenar a mente para conhecer esses níveis mais profundos de consciência. Deve desenvolver singeleza de mente para que a densidade de energia de sua mente torne-se maior e para que você possa conhecer um tipo diferente de poder".*

Durante aquela sessão, imagem após imagem havia passado pela minha mente. Eu via rostos, a barriga peluda de um cachorro e várias paisagens. Cada imagem parecia viva e real, e comecei a sentir como se tivesse uma criança voando em meus sonhos. Quando perguntei a ela se isso era normal, ela sacudiu a cabeça negativamente e disse: "As imagens são distrações. Sua mente não está parada. É por esse motivo que precisa meditar".

Tais imagens nunca paravam de girar em minha mente e eram geralmente tão vívidas que inevitavelmente prendiam minha atenção. Uma imagem impressionante que apareceu repetidamente foi a de um jaguar preto sobre uma árvore olhando a selva. Após vê-lo três vezes, comecei a me perguntar o porquê de o jaguar estar sempre na árvore observando o mundo com indiferença. Por fim percebi que era uma metáfora apropriada para aquele período da minha vida: havia deixado um relacionamento de onze anos, abandonado o cargo de docente adjunta na Universidade de Minnesota, demitira-me do cargo de diretora da clínica de transtornos de ansiedade no centro médico, e trocara a prática de artes marciais por uma série diária de exercícios Qi Gong primários, que trabalhava com os elementos da natureza. Havia optado por mudar de uma vida de ambição e atividade para uma vida mais simples, qualitativa e reflexiva, a fim de passar mais tempo visitando e estudando culturas nativas e explorando minhas capacidades interiores.

O sonho seguinte ocorreu em 1996. Nessa época, embora meu foco familiar sobre ambição e atividade no mundo externo tivesse sido substituído pela exploração do meu mundo interno, ainda não me sentia à vontade com essa transformação, tampouco havia integrado minhas descobertas interiores com os acontecimentos cotidianos, repetitivos de minha vida. O sonho pareceu refletir uma intenção de explorar mais profundamente meu mundo interno.

Deitada na cama com meus olhos fechados e minha atenção voltada ao centro da testa, imagens surgiam em minha mente. A meditação havia me treinado a deixar as imagens surgirem e desaparecerem sem que eu perdesse minha concentração. Então, um sentimento forte, muito emotivo, que por fim aprendi a associar com o sonho transcendental, cobriu-me e me fez dormir.

Despertei dentro de um sonho no qual estava fazendo exatamente o que fazia antes do sonho – deitada na cama com minha atenção voltada ao centro da testa.

Então, a imagem do jaguar preto sobre a árvore, observando atentamente a selva apareceu e me distraiu. A parte de minha atenção que estava assistindo ao sonho achou que era peculiar que a imagem do jaguar tivesse aparecido em um sonho. Com esse pensamento, minha atenção foi levada para dentro do sonho e ficou tão imersa na imagem do jaguar que senti meu corpo se desprender e flutuar no ar.

Embora a sensação de se desprender do corpo e dos arredores físicos aconteça com muitas pessoas que praticam meditação, isso não era meditação. Na verdade, logo senti minha consciência começar a se dissolver. A sensação foi tão extraordinária e agradável que minha atenção foi irresistivelmente mais atraída à imagem do jaguar. De repente, uma luz brilhante e pungente, acompanhada de calor extremo, entrou em minha mente. Despreparada para tal experiência, fiquei ansiosa e percebi meu corpo novamente. Na medida em que a iluminação de dentro de mim ficava cada vez mais clara, experimentei uma sensação acalentadora e então senti o ponto de consciência, que era eu mesma, aos poucos expandindo além de meu corpo.

Enquanto isso, meu corpo se dissolvia até que me tornei alheia a ele. Eu era então toda consciência – sem forma, sentimento ou sensação – espalhada em todas as direções sem limitação. Não era mais como sempre soube ser, um pequeno ponto de consciência confinado num corpo, mas sim uma consciência infinita banhada em luz e se deleitando num estado de exaltação.

Após algum tempo, senti minha consciência se contrair, tornando-se cada vez menor até que eu percebesse novamente o contorno do meu corpo vagamente. Passei certo tempo me perguntando se ia deslizar de volta para dentro de meu corpo, mas não sabia como fazer isso. Por fim, simplesmente aconteceu e despertei do sonho, tendo mais uma vez a consciência de meu corpo e dos carros passando na rua, lá fora.

    Senti-me impressionada e perplexa, como se estivesse retornando de uma terra estranha, mas fui acalmada pelo Sol brilhando em meu rosto pela janela. Minha amiga Miriam estava sentada à beira de minha cama. Tentei levantar meus braços e mãos, mas estavam fracos e sem vida. E enquanto eu podia entender toda palavra que Miriam dizia, não conseguia organizar um pensamento nem falar. Descobri que estive nesse estado por quase trinta e seis horas. Havia perdido um dia inteiro de trabalho e um jantar com ela, e quando não atendi ao telefone de manhã, ela havia vindo verificar como eu estava.

    Por fim me levantei, embora minhas pernas estivessem fracas e tremessem. Depois de um tempo, exausta e não me sentindo bem, sai para uma pequena caminhada, achando que isso iria me ajudar a voltar à normalidade. Logo me curvei por conta de um calor insuportável em meu abdômen, que subiu até minha garganta, e senti como se fosse vomitar fogo. Voltei para casa e sentei-me no sofá, sem interesse por coisa alguma e indiferente a tudo a minha volta. Miriam passou o dia comigo para se certificar que eu estava bem e foi embora à noite. Recolhendo-me cedo, dormi irregularmente, tive sonhos estranhos, ainda sabendo que uma parte de mim estava me vendo dormir.

    Por volta das cinco horas da manhã, o mesmo sentimento forte, muito emotivo, retornou e despertei no mesmo sonho como na noite anterior. O jaguar estava na mesma árvore, observando atentamente a selva. Novamente fui arrastada para dentro da imagem e a luz penetrou em minha cabeça, enchendo-me de entusiasmo e vitalidade. A medida que senti a mim mesma dissolver, minha consciência mais uma vez se expandiu em todas as direções e então vagarosamente se contraiu. Quando finalmente senti meu corpo, meu coração estava disparado, havia um gosto metálico em minha boca e minha exaustão era até mais evidente do que depois do primeiro sonho.

Não me senti a mesma mulher que havia sido apenas alguns dias antes. Algo intangível e poderoso, que eu não podia entender ou analisar, estava acontecendo, e eu não conseguia me libertar de uma sensação de apreensão. Daquele dia em diante, jamais seria meu velho eu novamente. Durante os vários anos seguintes viveria suspensa entre o espírito e a matéria, entre o céu e a Terra.

Reflexões

Os dias que imediatamente seguiram o sonho foram um pesadelo prolongado. Estava consciente de um brilho interno intenso, sempre em movimento rápido. As noites eram muito difíceis, uma vez que o fluxo de luz que havia penetrado em minha cabeça em ambos os sonhos parecia aumentar em velocidade e intensidade durante as horas de escuridão. Podia sentir minha energia aumentando, diminuindo e remodelando-se. Podia nitidamente sentir e perceber a luminosidade emanando para dentro de um campo que me cercava e se conectava ao meu corpo, e habitualmente ficava acordada a noite toda observando a mim mesma dormir ou sonhar. Com a energia aumentada fluindo pelo meu corpo, meus braços e mãos pareciam adquirir vida própria. Quando estava deitada, meu corpo vibrava, independentemente da superfície sobre a qual estava. Imagens rapidamente passavam pela minha mente. Quando uma ficava fixa, eu estava retraída com medo porque não tinha controle algum sobre ser arrastada para dentro dela e ter minha consciência consequentemente dissolvida. Logo as imagens começaram a ocorrer mesmo de olhos abertos, aparentemente um solvente funcionando sobre a cola que unia minha consciência.

Até mais alarmante foi o fato de que minha consciência não estava tão estável como havia estado antes, mas agora se expandia e contraía, regulada de um modo misterioso pelas imagens, deixando-me temerosa de que uma fina linha me separava da insanidade. A expansão e contração de minha consciência alteraram o modo que minha mente funcionava. Percebi um brilho luminoso nos objetos, tanto em minha mente quanto no ambiente físico. Este brilho nunca permanecia constante em dimensão ou intensidade, mas sim oscilante e às vezes mudava de cor.

Gopi Krishna, autor, iogue e professor renomado do século vinte na Índia, notou uma percepção semelhante em resposta à primeira experiência do despertar da Kundalini[1], mas para mim foi além. Quando o brilho aumentava em tamanho ou esplendor, o impulso de me fundir com ele ficava mais forte, até que minha consciência se dissolvesse nas energias despercebidas por trás do mundo manifesto. Foi nessa época que comecei a ter experiências de simultaneamente me deitar na cama e ficar caminhando no andar debaixo, com minha consciência em ambos os lugares. Três pessoas – dois amigos e um cliente – separadamente me disseram que haviam acordado e me visto aos pés de suas camas. Lembro-me de ter deitado na cama e simultaneamente ficado aos pés da cama de um amigo, perguntando-me o que estava fazendo lá, enquanto não tinha lembrança consciente alguma dos outros incidentes. Sabia que essas experiências tinham algo a ver com a quantidade de energia fluindo em meu sistema e minha fusão com imagens.

Por volta de março de 1997, todas essas experiências se haviam instrumentado em meu corpo. Eu sofria de fadiga extrema e simultaneamente experimentei um sentimento esquisito de exaltação e melancolia. Por muito tempo permaneci incerta sobre o significado de minha condição. Do ponto de vista da minha prática de meditação Zen, supus que havia mudado do presenciar o ascender e descender de percepção para participar com objetos ou imagens em meu campo de consciência. A quantidade de energia concentrada em uma imagem, a fusão em uma troca participativa com ela e a energia pela qual a imagem havia surgido mudou minha percepção. Minha percepção também se enraizou na dimensão sensual da experiência, nascida pela capacidade natural do corpo de ressonar com outras formas; David Abram, em seu trabalho com feiticeiros tradicionais, ou *dukuns*, do arquipélago indonésio, notou uma ancoragem semelhante de percepção em realidades sensuais[2]. Dessa forma, o que foi considerado uma distração em minha prática de meditação Zen tinha se transformado em uma nova maneira de me envolver com o mundo sensível.

    Do ponto de vista de meu treinamento xamânico, o sonho parecia ligado aos meus contatos com as tradições dos curandeiros Q'ero dos altos Andes do Peru e transmissões associadas a eles. Os índios Q'ero são considerados mestres do âmbito da energia, que é a realidade primária na qual vivem e se comunicam com a natureza por meio de forças de energia. Por exemplo, eles descobrem mais onde estão numa área geográfica por meio da sensação energética do terreno do que pelos marcadores físicos. Para os curandeiros Q'ero, todo elemento da paisagem fala: qualquer movimento pode ser intencional, qualquer som significativo. Quanto mais tempo passei com eles, mais se tornou instintivo participar do discurso com a natureza animada e sentir a capacidade inerente de meu corpo de ressonar com a paisagem. Além do mais, os Q'ero não vivem em tempo linear, e, por conseguinte, não reconhecem um evento que acaba de ocorrer ou que ocorrerá. Dado que se relacionavam energeticamente comigo, não comentavam o que estavam fazendo, e falavam em quechua, que tinha de ser traduzido para o espanhol e depois para o inglês. Eu recebia a maioria de suas transmissões sem o benefício do discurso verbal. Enquanto me esforçava para decifrar os Q'ero, comecei a ver e ouvir de um modo que nunca tinha acontecido antes.

Dois meses antes do sonho, havia recebido uma transmissão energética chamada de *mosoq karpay* de don Manuel Quispe, o mestre curandeiro dos Q'ero. Toda vez que recebia uma transmissão dele, ela durava um ou dois dias e era forte, muito emotiva, como no sonho. Ter essa sensação no sonho e ver a imagem do jaguar preto, que é muito respeitado nos Andes, sugeriu que minha experiência de sonho estivesse relacionada à transmissão de *mosoq karpay*.

Na época desse sonho, sabia que havia evidência para a presença de forças e planos de existência diferentes daqueles que percebemos com nossos sentidos. Também percebi que quando outros níveis de realidade são encontrados, eles revisam a descrição do Universo apresentado pelo intelecto. Mas não tinha conhecimento algum da técnica e implicações para encontrar níveis diferentes de realidade que não fossem por meio de minhas experiências de sonho.

Atualmente, após longos anos de trabalho com os curandeiros Q'ero, entendo melhor seus meios de perceber vários níveis de realidade e suas técnicas de preservar e transmitir conhecimento. Considerando que costumeiramente percebemos um objeto ou ser, separamos nossa consciência, e o rotulamos, os Q'ero se fundem com um objeto ou ser para senti-lo. Eles são mestres em entrar em uma troca participativa tanto com formas e forças sensíveis visíveis quanto despercebidas. Por exemplo, enquanto eles não sabem que a água se decompõe em um átomo de oxigênio e dois de hidrogênio, eles podem facilmente evocar a chuva fundindo-se com a energia por trás e dentro da chuva.

Por causa de minha exposição com os curandeiros Q'ero, tornei-me cada vez mais adepta de fundir minha consciência com formas não-humanas para obter entendimento direto delas separadamente de meu intelecto. Por exemplo, fundindo minha consciência com plantas pude aprender para o que elas serviam e acontecimentos que haviam ocorrido em seu ambiente imediato. Não tinha ideia alguma de que desenvolver a habilidade de fundir sua própria percepção com outra consciência pudesse afetar a mente e o corpo tão profundamente. Tenho certeza de que fundir minha consciência com outras formas também aprofundou meu sonho.

Embora eu não tivesse uma base teórica para entender estes fenômenos, eles fizeram com que eu ficasse extremamente consciente da existência de níveis diferentes de realidade. Percebi como vivemos em pelo menos dois mundos dentro de um único corpo físico. Há um mundo macroscópico que vemos – nossa carne e ossos. E há também um mundo microscópico de nossa força de vida: inúmeros campos subatômicos onde a matéria desaparece e apenas probabilidades existem, num vácuo, de alguma forma resultante de um equilíbrio delicado dentro do corpo. Esses dois domínios são distintos, porém complementares. Ambos são verdadeiros; são simplesmente níveis diferentes de realidade.

Percebi, mais do que nunca, que eu era não apenas minha carne e ossos, mas também inúmeros campos de partículas subatômicas. Embora eu não conhecesse conscientemente a matemática envolvida em cada nível de realidade, sentia como se estivesse numa troca participativa com ambos. Mudanças físicas, bioquímicas e energéticas pareciam fazer parte deste novo modo de perceber. A entrada para uma consciência expandida parecia conduzir a algum ponto logo atrás de meu próprio corpo e mente – sua natureza quântica e potencial ilimitado. O que permanecia do lado de fora de minha compreensão eram meus impulsos incontroláveis de entrar em imagens, resultando na dissolução de minha consciência. Somente muito depois percebi que isso era o primeiro estágio de fundir-se com o Sonho, o nível implicado invisível de realidade que é a fonte da criação.

    A alteração de minha consciência foi a evidência desse despertar. De uma consciência dominada pelo meu ego e pela socialização, ela se expandiu em uma consciência além de qualquer coisa familiar. Meu ego, ou "eu", permanecia, mas em vez de ser uma unidade limitada era agora um campo luminoso de vastas dimensões. Consciência do ego e um campo infinitamente estendido de percepção existiam lado a lado, distintos um do outro e ainda assim um. Era como se minha mente estivesse tanto aqui quanto espalhada durante todo o tempo e em todo o espaço.

Enquanto me esforçava para decifrar os Q'ero, comecei a ver e ouvir de um modo que nunca tinha acontecido antes.

sonho
Atravessando o Limiar da Realidade Comum

2

Durante semanas após o primeiro sonho, meu estado físico continuou a deteriorar-se e minha consciência estava ainda longe de ser constante. Qualquer esforço mantido em concentração invariavelmente intensificava a experiência de consciência expandida até que eu fosse toda consciência, por toda parte de uma só vez, sem forma. No sonho seguinte, que aconteceu duas semanas depois, fui confrontada com o limite entre os âmbitos da vida e da morte.

Despertei dentro de um sonho, presenciando a energia familiar fluindo pelo meu corpo, alternadamente acelerando e desacelerando repetidamente. Um último aumento aconteceu, e quando se acalmou encontrei-me suspensa e presa no limiar da morte. Estava extremamente ciente de estar sendo apresentada à morte e ao que acontece com a consciência naquele momento. Nesse estado sentia tensão em todas as células de meu corpo, mas também uma infusão de felicidade. Após um período de tempo desconhecido, minha mente e corpo ficaram cansados, e o impulso de atravessar tornou-se forte. Na medida em que o tempo passava, simplesmente rendia-me, a tal ponto que minha consciência se dissolveu até que me tornei ciente, sem forma ou limitação, e entrei num estado de êxtase.

Doze horas depois, despertei com a mesma lassidão e incapacidade de organizar pensamentos como depois de meu primeiro sonho, dois meses antes. Em poucas horas, contrai uma pneumonia.

Além disso, devido à duração do sonho deixei de comparecer a uma defesa de dissertação de um aluno de Ph.D., mas nada no mundo cotidiano importava para mim. Por vários meses permaneci indiferente em estar na Terra, ansiando pelo outro lado sem entender por quê. Embora o propósito preciso de tal ânsia ainda me iludisse, meu sonho tinha se tornado uma experiência difícil, porém esclarecedora, proporcionando um *insight* sobre diferentes estados de vida e morte e mostrando-me meu próprio potencial e o da humanidade.

Reflexões

Esta experiência de sonho ocorreu repetidamente, em durações mais curtas. Sabia que me deparava com uma realidade multidimensional com níveis de existência que diferem em densidade. Como no primeiro sonho, este deixou minha mente instável. Minha consciência frequentemente se expandia e se contraía incontrolavelmente, deixando-me com energia fluindo dentro e ao redor de meu corpo. Às vezes, quando fechava os olhos, podia ver nitidamente os campos de força de vida microscópicos do corpo: inúmeras correntes circulantes, em alguns lugares criando vórtices, todas partes de um vasto mar de luz, permanentemente em movimento, dentro e além do meu corpo. Com o segundo sonho, o novo tipo de atividade se desenvolvendo dentro de meu corpo tinha mudado mais ainda minha percepção de observar ao vivenciar uma troca participativa direta com o objeto de percepção, fosse ele um pensamento, imagem, ou acontecimento.

Como um subproduto das recorrências do sonho, logo me tornei uma parteira para os que estavam atravessando rumo ao âmbito do espírito. Assim, encontrava-me ao lado dos animais e das pessoas que estavam morrendo e conseguia naturalmente acompanhá-los nessa viagem. Também conseguia auxiliar as pessoas em estados de coma. Mas apesar de minha disposição para trabalhar com esses indivíduos, sentia-me indiferente a seu estado – na verdade, à vida em geral. Tinha amado minha família, amigos e comunidade do fundo de meu ser, mas agora parecia não ter mais amor por coisa alguma. Vi essa perda de afeição com desânimo, sentindo-me roubada daquilo que dá mais encanto à vida. Não percebendo sinal algum de inspiração espiritual por essas experiências, tinha dúvidas sobre o que estava acontecendo comigo.

Queria esclarecê-las para descansar encontrando alguma explicação para meu estado, assim como um meio de lidar com ele. Embora meus professores xamânicos Q'ero pudessem ter entendido meu estado, a barreira da linguagem impedia-me de pedir uma explicação. Sem a sabedoria de um professor para me apoiar, finalmente conclui que minha consciência expandida estava em contato com o mundo da energia viva. Percebi que enquanto a energia não é normalmente perceptível a indivíduos comuns, eu poderia estar experimentando o primeiro campo sutil para entrar em uma gama de percepções quando a consciência se expande. Aparentemente, alguma capacidade latente estava desdobrando-se dentro de mim, e tinha um tempo orgânico certo e vida própria; uma troca participativa com a energia viva tinha se tornado minha guia, e o sonho era o mediador de nosso relacionamento. Uma vez que cheguei a essa conclusão, joguei minhas dúvidas ao vento e deixei minhas experiências se desdobrarem.

Durante a década seguinte, minha consciência nos sonhos e fora deles continuava a se fundir com imagens, redefinindo ainda mais minha percepção e aprofundando minha consciência do Sonho em si – a energia dentro e atrás das imagens ou sonhos. Meus sonhos pareciam, cada vez mais, ser a preparação para fundir-me com o Sonho, resultando no sonho transcendental como catalisador para despertar minha natureza ilimitada.

3 *sonho*
Rompendo com a Ilusão de Tempo e Espaço

À medida que minhas experiências de sonho se tornaram mais comuns, tive cada vez mais certeza de que não estava em perigo iminente físico ou mental algum. Embora meu corpo e mente ainda estivessem de alguma forma instáveis devido às flutuações constantes em minha consciência, minha força de modo geral aumentava aos poucos. Desde a experiência do sonho inicial, no qual uma mudança fundamental em consciência aconteceu, eu não precisava de muito sono. Quando de fato dormia, não era relaxante porque uma parte de mim estava assistindo a mim mesma dormir. O sonho seguinte fez com que eu ficasse mais consciente de como o tempo e o espaço são ilusórios em outros níveis de realidade.

Eu tinha ido dormir relaxada. Por volta de duas da manhã, a sensação reveladora pesada, muito emotiva, tomou conta de mim. Na medida em que isso aconteceu, senti a energia em meu corpo alternadamente acelerando e desacelerando com rapidez.

Enquanto o padrão de energia diminuía de velocidade, de repente me encontrei como pura consciência, sem forma, seguindo um jovem garoto com pólio, que cantava enquanto caminhava para casa no retorno da escola; usava órteses nas pernas e nos braços. Enxerguei-o jantando e retirando as louças da mesa. Quando era hora de ele se arrumar para dormir, observei seu pai acompanhá-lo até o banheiro, ajudá-lo a escovar os dentes, tirar as órteses da perna e, carinhosamente, despi-lo e ajudá-lo a vestir seu pijama. Então o pai abriu o zíper de suas próprias calças, tirou seu pênis, e, pegando a mão do menino entre as suas, colocou-a sobre seu pênis. Neste ponto, minha consciência começou a fundir-se com o menino, e simultaneamente transformei-me tanto em seu medo quanto sua excitação, assim como uma energia sem forma que estava mudando-o de algum modo.

Quando ele estava em segurança na cama, percebi que se deixasse o sonho não mais seria a guardiã do garoto, o que causou grande conflito dentro de mim. Sabia que poderia ficar neste estado indefinidamente ou retornar ao meu corpo, embora eu não pudesse lembrar o porquê de querer retornar ao meu corpo uma vez que estava completamente desconectada dele. Após repentinamente tornar-me um padrão de energia que rapidamente acelerava e então desacelerava, com grande tristeza escolhi retornar ao meu próprio corpo.

A parte mais interessante dessa experiência de sonho desdobrou-se cinco anos depois. Estava jantando uma noite com um homem que conhecia desde meus vinte e poucos anos. Conversávamos sobre a morte iminente de seu pai, e ele perguntou se eu podia sugerir um bom terapeuta para que ele pudesse trabalhar algumas questões de infância para concluir seu relacionamento com seu pai antes dele morrer. Sugeri um terapeuta com quem ele poderia gostar de trabalhar. Na medida em que nos preparávamos para deixar o restaurante, ele deslizou para fora do banco, ajustou fortemente seu peso, e disse: "Esta perna me dá alguns problemas às vezes. Tive pólio quando criança."

Senti como se tivesse sido atingida por um raio, percebendo de repente que ele era o garoto em minha experiência de sonho anos antes. Coube a mim refletir as maneiras pelas quais todos estamos conectados e como, em outros níveis de realidade experimentada em sonhos, nossa sensação de tempo e espaço pode se dissolver, ressaltando sua qualidade ilusória.

Reflexões

Este sonho foi um dos muitos nos quais me tornei uma massa sem forma de energia que se fundiu com uma imagem. Às vezes, essa energia organiza-se primeiro de uma forma, outras não, mas, de qualquer maneira, inevitavelmente, funde-se com uma forma no sonho. Quando isso acontece, experimento tanto a energia quanto o estado de sentimento da forma com a qual ela fundiu-se. A ação ocorre através de mim, e frequentemente a energia oferece assistência de algum modo.

Embora na maioria dos casos não tivesse contato posterior com os participantes do sonho, tal contato ocorreu algumas vezes. Em um exemplo, estava almoçando com um colega de trabalho que disse espontaneamente: "Tenho uma amiga que pode estar interessada em participar dos *workshops* xamânicos que você ministra. Mas não tenho certeza se seria adequado, uma vez que, por ter passado por certa experiência, ela se tornou uma cristã fundamentalista".

Inocentemente, perguntei-lhe qual foi a experiência, sempre curiosa sobre acontecimentos que transformam a vida das pessoas.

Meu colega disse: "Há vários anos ela sofreu um terrível acidente de moto no qual seu namorado ficou muito ferido. Como em câmera lenta, ela sentiu duas mãos envolverem sua cabeça, que estava sem capacete, e guiá-la na medida em que a moto derrapava e ela caía no asfalto, permanecendo ali até que os veículos de emergência chegassem".

Sob minha calma exterior, fiquei sem fala. Havia tido uma experiência de sonho sete anos antes na qual a ação idêntica tinha acontecido, com minhas mãos segurando a cabeça da mulher e minha consciência, tendo se tornado as mãos da mulher, dissolvendo-se na medida em que ouvia os sons de um veículo de emergência. Posso descrever o acidente de moto muito detalhadamente, incluindo a queda do homem, mas também posso recordar estar deitada em minha cama assistindo ao sonho. O que fica claro através desse tipo de sonho e das manifestações relacionadas ao seu conteúdo é que há âmbitos mais sutis de realidade transcendental de tempo e espaço que se representam no mundo da matéria.

Com relação a espaço, em particular, embora estejamos condicionados a pensar nele como um absoluto, não estamos atados por ele. Em nossa realidade cotidiana, as coisas têm localizações muito específicas no espaço, mas em âmbitos mais sutis de realidade, a localização deixa de existir. Um ponto no espaço torna-se igual a todos os outros pontos, e não faz sentido falar de qualquer coisa como separada de outra – uma propriedade que os físicos chamam de "não-localidade"[1].

Em um sonho, a localização é uma ilusão, porque tudo – pessoas, objetos, espaço, ação e assim por diante – está se desdobrando fora da realidade mais fundamental do sonhador, que é o Sonho. As duas mãos que protegeram a cabeça da mulher na medida em que ela caiu no asfalto se manifestaram do nível implicado mais primário, mais profundo de realidade, e acabaram entrando em sua percepção. Minha consciência no momento estava aparentemente em várias localizações simultaneamente – na cena do acidente e também na cama assistindo ao sonho. No nível implicado de realidade, a separação aparece como uma ilusão e todas as coisas estão por fim interconectadas. Há algo sobre experimentar esse nível primário de realidade que evoca intensa alegria e amor.

A ideia de que os níveis mais sutis de realidade podem ser acessados pela mudança na consciência isolada é a principal premissa da tradição iogue. O professor de ioga e místico Sri Aurobindo uma vez comentou que para descobrir "uma nova terra de nós" devemos primeiro aprender a "deixar o velho para trás"[2]. Essa mudança de consciência, no entanto, pode ser desafiadora. O poeta Rainer Rilke, sentindo-se limitado pela interpretação, comentou, em uma carta para um amigo: "Onde quer que a filosofia de um indivíduo transforme-se em um sistema, experimento o sentimento quase deprimente de uma limitação"[3]. Para mim, quanto mais calo minha mente e viajo para dentro, livre de modelos interpretativos, mais percebo e me envolvo com níveis mais sutis de realidade, além do espaço e tempo, compostos de vibração sem forma. Estes âmbitos, por sua vez, foram refletidos em meus sonhos.

    Desde os meus primeiros sonhos, minha consciência já havia sido expandida. E a outra expansão de consciência que agora eu experimentava revelava a separação da consciência e matéria como ilusória, permitindo à minha consciência a liberdade de alçar voo dentro dos âmbitos mais sutis da realidade que influenciam o mundo objetivo.

sonho
Fundindo-se com o Sonho

4

Embora minha resistência tivesse melhorado após minha primeira experiência de sonho transformativo, ainda tinha dificuldades. Após concentração mental prolongada, minha consciência invariavelmente queria expandir-se sem limites. Além disso, quer meus olhos estivessem fechados ou abertos, minha consciência podia estar em dois ou mais lugares ao mesmo tempo, o que minou minha força física e equilíbrio mental, e fez com que eu ficasse cautelosa ao me fundir inteiramente com o Sonho.

Ao mesmo tempo, tinha recuperado a normalidade de pelo menos algumas formas: conseguia novamente ter interesse em conversas, e os sentimentos profundos de afeição pela família e amigos, que pareciam ter esgotado dois anos antes, agora despertavam em meu coração novamente. O seguinte sonho profético, que ocorreu no inverno de 1998 durante uma nevasca, começou como um sonho comum, mas rapidamente se transformou em um sonho lúcido e então numa experiência de fusão diretamente com o Sonho, fazendo com que eu ficasse mais consciente do que nunca no nível de realidade que é a fonte de toda a criação.

Sonhei que estava no trânsito, dirigindo para o trabalho, na hora do rush da manhã. Na medida em que fazia uma curva na autoestrada, vi um carro ao longe na faixa da esquerda girar fora de controle no gelo, atravessar três faixas de tráfego e bater num veículo utilitário esportivo marrom. O utilitário rolou e foi parar no lado da estrada de cabeça para baixo. Pude ver os cabelos castanhos de uma mulher pendurados para fora da janela lateral estilhaçada. Parei meu veículo em um acostamento e estacionei ao lado da autoestrada. Primeira a chegar à cena, cuidadosamente caminhei até o lado do motorista do carro batido e vi que a mulher estava inconsciente. Então ouvi outro carro girando fora de controle e sabia que ia bater em mim.

Naquele momento despertei dentro do sonho, que agora continuava em câmera lenta. Senti o impacto do carro, antes que ele me arremessasse a aproximadamente 18 metros. Quando caí, minhas mãos e braços estavam esmagados embaixo do veículo, e eu estava inconsciente. Na medida em que estava sendo colocada na ambulância, os paramédicos estavam avaliando meu estado aparentemente comatoso, mas eu tinha consciência de tudo, inclusive da conversa sobre a mulher que havia morrido no utilitário.

Após chegar à sala de emergência, no centro de trauma de Nível I local, fui levada à cirurgia, onde uma equipe de médicos colocou dispositivos em meus dedos, mãos e antebraços. Conforme eu ouvia a conversa deles, uma energia fluente em meu corpo começou a pulsar, e eu sabia que estava causando cura espontânea. Pude sentir as mudanças desdobrando-se em meus ossos e tecidos. Enquanto minha consciência se fundia com essa energia curadora, eu me sentia enlevada.

Ao despertar inicialmente do sonho, sabia que me fora mostrada cura espontânea, porém à medida que despertei mais pude sentir a experiência desvanecer-se de minha consciência, junto àquele conhecimento. Dois dias depois, partes deste sonho se materializaram e percebi sua natureza profética. Estava dirigindo para o trabalho na hora do rush da manhã durante uma nevasca. A princípio estes detalhes não desencadearam desconforto sobre uma possível materialização do sonho. Quando o tráfego diminuiu e por fim parou, vi o mesmo acidente do meu sonho. Desta vez não fui a primeira pessoa na cena, porque estava a pelo menos trinta carros atrás. Mesmo assim, pude ver os cabelos castanhos da mulher pendurados na janela lateral estilhaçada do utilitário que estava de cabeça para baixo. À medida que veículos de emergência começaram a chegar, fiz uma prece pelo espírito da mulher e de repente me fundi com sua consciência. Ela sabia que estava morta e consequentemente eu também, uma vez que eu era alguém com suas circunstâncias. Então senti a energia fluente familiar atual expandindo-se e um extraordinário enlevo. Mas como eu não tinha condições de perder o limite de minha própria consciência devido às circunstâncias, forcei-me a abandonar a experiência. Minha consciência separou-se da dela, e mais uma vez eu estava sentada atrás do volante de meu carro esperando o acidente desimpedir a estrada.

Mais tarde, naquela tarde, liguei para uma grande amiga minha que trabalhava na UTI do centro de trauma para informar-me sobre quaisquer pacientes do acidente de carro daquela manhã. Ela disse que haviam recebido um paciente ferido e que havia um morto na cena. Naquela noite, contei-lhe sobre meu sonho, descrevendo a sala de emergência, o centro médico, os rostos dos médicos que havia visto no sonho, e os dispositivos colocados em minhas mãos, que agora sei que eram fixadores externos. Ela confirmou todos esses detalhes, embora eu não tivesse conhecimento anterior algum do centro médico ou seu corpo de funcionários.

Outro acontecimento sincronístico que seguiu o sonho e relacionou-se com um de seus temas foi a visita de uma mulher buscando cura espontânea. Exatamente na manhã seguinte, uma amiga de Lakota veio até minha casa sem avisar. Durante uma xícara de chá, ela disse: "Não faço ideia do motivo, mas você é a pessoa que vai ajudar a curar espontaneamente minha colostomia". Suas palavras deixaram-me estupefata, porque não havia compartilhado os acontecimentos do sonho do dia anterior com pessoa alguma, exceto com minha amiga que trabalhava no hospital. Ao recuperar-me de meu assombro, senti resistência e disse: "Você está enganada". Mas ela respondeu: "Não, você é a pessoa. Talvez você mude de ideia".

Reflexões

Em consequência desse sonho, tive de lidar com minha capacidade crescente de vidência em sonhos e sua possível importância. O fato de por meio dos meus sonhos eu ter desenvolvido o poder da profecia não me trouxe euforia alguma, ao contrário, trouxe-me um desconforto, uma vez que nunca sabia quais das cenas do sonho se manifestariam na vida real. Até este momento, eu já estava acostumada com a ideia de que minhas experiências de sonho podiam ser de alguma maneira diferentes de como ou quando elas mais tarde se materializavam. Também sabia que o tempo certo de suas materializações também podia variar. Os sonhos de vez em quando se materializavam após dias, às vezes meses, outras anos. Às vezes todos os detalhes estavam corretos, em outras alguns estavam incorretos, ou algo era acrescentado. Como no sonho descrito anteriormente, os detalhes sobre o acidente fatal e a descrição do centro médico estavam corretos. Mas a reprodução da cena do sonho felizmente eliminou minha própria tragédia pessoal. Nesse caso, perguntei-me por que o acontecimento real diferia do sonho original. Talvez, pensei, o sonho tivesse emergido do nível implicado da realidade movendo-se em direção ao desdobramento em nosso mundo cotidiano, e o ato de sonhar tinha de alguma forma influenciado o resultado.

Outro aspecto novo e significativo desse sonho foi a cura espontânea que pareceu surgir no hospital. Durante a parte do sonho da cura espontânea, fundi-me completamente com o Sonho, sem separação alguma entre minha consciência e a atividade da cura espontânea. Quando você se funde completamente com o Sonho, você não está consciente de si como um ator separadamente da ação; você está num estado de experimentação. A vasta natureza da realidade se torna disponível, e os possíveis resultados parecem ser ilimitados, mas você não deseja algum em particular.

Consequentemente, a tempo percebi que minha resposta negativa ao pedido de minha amiga de Lakota por cura espontânea foi sábia, uma vez que agora eu percebia que as capacidades que emergiam em mim teriam sido seriamente dificultadas se eu tivesse dado importância a um resultado específico implicado pelo esforço para curar outros.

Esse sonho também me proporcionou percepções mais gerais em meu relacionamento com o Sonho. Na cena do sonho, quando eu estava em meu carro e minha percepção se fundiu com a mulher que havia morrido, a experiência foi semelhante em sentimento àquela onde minha percepção se fundiu com a do meu pai no momento de sua morte. Ambos os casos envolviam fusão completa com o Sonho. Não havia mulher ou pai, nem eu estava presente; havia apenas percepção e um sentimento de êxtase. Além disso, ambas as experiências traziam a lembrança do sonho com o jaguar e o êxtase indescritível associado com dissolução e imensidão. Em consequência dessas comparações, estava começando a alcançar um "vocabulário" interior, silencioso, para compreender o desenvolvimento de minha consciência.

A diferença entre a mente limitada pelo intelecto comum e a mente fundida com os âmbitos mais sutis da realidade é análoga à diferença entre matéria em seu estado sólido e matéria em seu estado gasoso. Por exemplo, duas pedras não podem ocupar o mesmo espaço, mas duas fragrâncias podem. Uma pedra tem peso e massa que limitam o que ela pode fazer; ela pode se mover apenas se for movida, e então somente em uma única direção e numa velocidade limitada pela quantidade de força agindo sobre ela. A fragrância, por outro lado, por ser matéria em forma gasosa, tem certas propriedades que poderiam ser consideradas milagrosas: poderes de difusão e penetração que a permitem espalhar-se em velocidades fenomenais por distâncias enormes em todas as direções de uma vez; habilidade de estar em mais de um lugar de uma vez e capacidade de passar por barreiras e coexistir no mesmo espaço com corpos de um material semelhante. Agora também eu percebia que quando você se funde completamente com o Sonho, todas essas propriedades e outras podem ser experimentadas.

Fundir-se completamente com o Sonho expande o eu para dimensões infinitas, dissolve a sensação de separação entre nós mesmos e outras pessoas e coisas, e permite emergir capacidades adormecidas dentro de nós. Enlevo acompanha essa experiência; em vez de buscar ou conhecer o amor como um fim desejável, você *é* o amor. Dessa forma, a razão liberta seu poder sobre nós.

A diferença entre a mente limitada pelo intelecto comum e a mente fundida com os âmbitos mais sutis da realidade é análoga à diferença entre matéria em seu estado sólido e matéria em seu estado gasoso.

5

sonho
Materialização e Desafio da Realidade Convencional

Por volta da primavera de 2000, estava experimentando um campo de consciência que expandia progressivamente e uma luminosidade de objetos que aos poucos aumentava, tanto no ambiente físico quanto em minha mente. Sempre que a luminosidade de repente intensificava-se, meu impulso de fundir-me com ela ficava mais forte, e minha percepção se dissolvia em imensidão. Embora esses acontecimentos ainda pudessem desafiar minha força física e equilíbrio mental, a recuperação exigia menos tempo. Com confiança crescente na estabilidade de meus processos físicos e mentais, comecei a viajar e trabalhar mais. O sonho seguinte, no entanto, trouxe-me novos desafios referentes à natureza da materialização em nossa realidade convencional.

Conforme meus olhos fecharam, tive aquela sensação familiar intensa, carregada de emoção que precedia o sentimento de energia fluindo dentro e fora de meu corpo físico. Quando a energia começou a surgir em mim, despertei em um sonho. Estava caminhando por um terreno semiárido, rochoso, respirando com dificuldade, como se estivesse numa altitude alta. O sol batia em mim impiedosamente, então parei à sombra da saliência de uma rocha. À medida que estendia minha mão para pegar minha garrafa de água, de repente, por trás de uma pedra, apareceu um pequeno homem com cabelos pretos cortados bem rentes, pele marrom escura e maças do rosto protuberantes. Parecia um nativo com traços asiáticos. Carregava um pote com um líquido marrom denso. Notando minha presença, sem me olhar diretamente, sentou-se então a alguns metros de distância, também aproveitando a pequena quantidade de sombra oferecida pelo afloramento rochoso. Ofereceu um pouco do líquido à terra, fez uma prece ao céu e levantou o pote para me oferecer um pouco.

Antes mesmo de me mover para me sentar perto dele, pude sentir o odor fétido do líquido do pote, deixando-me nauseada e alterada de um jeito indefinível. Então, quando ele começou a falar comigo numa linguagem gutural, rítmica, que eu nunca havia ouvido, fiquei surpresa por entendê-la perfeitamente e respondi na mesma linguagem. A estranheza dos sons guturais vindos do fundo de minha garganta e o odor nauseante do líquido, deixaram-me preocupada. Ávida para terminar o encontro, agradeci com um gesto de cabeça e disse em linguagem simples: "Preciso ir agora". Levantando-me, eu parecia estar bem, mas quando comecei a andar, de repente meu tornozelo direito virou e caí numa barragem de rocha de três metros.

Despertei do sonho segurando meu tornozelo direito e gritando de dor, a lesão de alguma forma tinha-se materializado. Pulei da cama e saltitei num pé só, estremecendo e sentindo-me estranhamente alterada. No fim do dia, meu tornozelo havia inchado duas vezes mais que seu tamanho normal e ficado roxo e azul, uma reminiscência concreta de uma materialização incompreensível da experiência do meu sonho.

Na semana seguinte, tinha de fazer uma caminhada de dez dias no desfiladeiro de Chelly, Arizona, para estudantes que treinavam ensinamentos e práticas xamânicas, um programa que incluía caminhada diária, cerimônia com o Navajo e uma busca de visão. Certamente não ia cancelar o evento, então, ao contrário, manquei pelas longas caminhadas. Quando meu amigo e guia Navajo perguntou como eu havia torcido meu tornozelo, contei-lhe e ele riu. Enquanto isso, sabia que ia estar em Honduras um mês depois e me preocupei que esse sonho pudesse manifestar-se lá.

Este sonho realmente se manifestou-se. Estava

viajando no Peru com um amigo peruano chamado Ernesto. Havíamos chegado a Cusco, de manhã cedo, após andar num ônibus local vindo de Puno a noite toda. Tínhamos algum tempo antes de pegar o trem para Machu Picchu, então Ernesto sugeriu que visitássemos Tamba Machay, o "Templo Sagrado das Águas".

Após nos limparmos no templo, Ernesto encostou-se em uma árvore e puxou a aba de seu chapéu sobre seus olhos. Eu sabia que ele devia estar cansado, uma vez que ficamos acordados a noite toda, então o deixei dormir enquanto me retirei para aliviar minha bexiga. Desci uma trilha de alpaca bem viajada em direção a um afloramento rochoso que avistei perto de um canto. Virando do outro lado, vi um pequeno homem nativo com as maças do rosto protuberantes e olhos de aparência asiática, e um pote de líquido marrom ao seu lado – o mesmo homem e afloramento rochoso que havia visto em meu sonho. Como no sonho, ele notou minha presença sem olhar para mim.

Começando a entrar no estado alterado que havia experimentado no sonho, sabia que tinha de ir embora antes de perder a capacidade de me mover. Quando virei para ir, encontrei Ernesto de pé, atrás de mim. Ele conhecia o homem sentado na sombra da rocha, e eles cumprimentaram-se e conversaram um pouco. À medida que ouvia a mesma linguagem gutural, rítmica que havia estado em meu sonho, minha cabeça começou a rodar. Desci rapidamente a trilha, e quando Ernesto alcançou-me, disse-me que o homem era don Martín, o feiticeiro mais renomado da área e um amigo de don Manuel Quispe, o mestre xamã Q'ero com quem eu havia trabalhado por cinco anos.

Durante os vários anos seguintes encontrei don Martín muitas vezes, uma vez passando dez dias em cerimônia com ele e um pequeno grupo de ocidentais que estavam participando de um treinamento xamânico. Por fim, descobri que os feiticeiros do Peru, como don Martín, nunca olhavam pessoa alguma nos olhos, porque o olho é considerado a entrada para o voo do espírito. Posteriormente, quando contei a Ernesto sobre meu sonho e sua manifestação no Peru, ele disse: "Provavelmente não foi coincidência você encontrar don Martín em seu sonho e novamente naquele dia. A medicina que vem de você é muito parecida com a linhagem de feiticeiros aqui dos Andes".

Reflexões

Esse sonho fez com que eu considerasse ainda mais o fenômeno das cenas do sonho materializando-se na vida real. A ideia de torcer meu tornozelo num sonho e despertar à sua manifestação física imediata, na forma de um tornozelo torcido, era inconcebível para mim na época. Descobrir também que isso era ainda outro sonho profético, embora o acontecimento na vida real tenha terminado diferente, deixou-me novamente apreensiva. Posteriormente, cada vez que tinha uma experiência de sonho sobre minha própria vida, começava a prever o que poderia se manifestar. Mas como eu não tinha controle algum sobre meus estados de sonho, não havia nada que eu pudesse fazer, exceto presenciá-los e tentar deixar minhas apreensões de lado.

Além disso, a experiência de sonho não apenas tinha se materializado, como também, após duas semanas do sonho, tive mais três experiências de materialização, embora de tipos diferentes. Duas delas envolviam manifestações presenciadas por outras pessoas. Dois clientes antigos insistiram que eu havia deixado mensagens de telefone solidárias sobre acontecimentos traumáticos em suas vidas: a filha de uma mulher tinha morrido num acidente de carro, enquanto a mãe de outra havia morrido de câncer. No entanto, eu não havia visto esses clientes por vários anos, e não sabia conscientemente das tragédias, sequer tinha os números de telefone das mulheres. A terceira experiência envolveu uma estudante que afirmou ter-me visto em dois lugares diferentes quase que simultaneamente. Estava perplexa de ver-me lecionando, afirmando que havia acabado de deixar meu consultório após encontrar-se comigo lá. Eu estava lecionando por quarenta e cinco minutos, não havia deixado a sala, e não a tinha visto antes de ela entrar na sala de aula.

Essas três experiências, combinadas com o sonho, deixaram claro para mim que de alguma forma uma parte de mim estava ativa em âmbitos imperceptíveis e que essa atividade tinha um impacto no mundo manifesto. Combinada com minha admiração estava a ansiedade sobre como lidar com tais acontecimentos. Sentia como se tivesse entrado em alguma nova terra estranha que desafiava a lógica, onde forças místicas eram a norma.

Em consequência dessa experiência de sonho, minha percepção de matéria e energia mudou. Podia perceber mais imediatamente um brilho interno que estava sempre em movimento rápido. Eu via agora os milhões de células minúsculas que compunham minha carne e ossos como um conglomerado de forças girando juntas. Quanto mais acostumada ficava em enxergar além da solidez do mundo e a me ver como pura percepção, ilimitada e não substancial, mais percebia o papel formativo da consciência em criar nossa realidade. O físico Fred Alan Wolf menciona algo semelhante em seu livro *Taking the quantum leap,* quando diz que ao se identificar com a "totalidade quantum" do mundo, o observador "torna-se" o observado. "Ele é o que ele vê"[1].

Além disso, comecei a supor conexões entre graus de luminosidade e a tendência em relação à materialização. Percebi que minha materialização tinha algo a ver com minha percepção de luminosidade crescente, tanto de objetos externos quanto internos. Cada vez que a luminosidade aumentava, um âmbito além de espaço e tempo, composto de vibrações infinitas, parecia se desdobrar. Em consequência, parecia possível não apenas absorver grandes quantidades de informação de uma só vez por meio de uma sensação telepática de "quadros luminosos", mas também existir como uma forma de vibração pura e reconfigurar como energia em outra forma, como, por exemplo, em experiências de bilocação, quando eu estava deitada na cama sonhando e ao mesmo tempo aos pés da cama de outra pessoa. Ao longo dos anos, vim a reconhecer quando uma experiência de sonho está materializando-se pelo grau de luminosidade e densidade de energia envolvidos na reconfiguração de minha energia em outra forma no meu sonho. Mas consciente ou não sobre a materialização, não tenho controle algum sobre ela.

Também percebi uma conexão entre meu treinamento em xamanismo e artes marciais e minha nova consciência de graus de luminosidade. Percebi que tanto o xamanismo quanto as artes marciais dependem muito de técnicas de absorver energias da natureza, e presumi que a quantidade de energia absorvida pelo corpo determinava o grau de luminosidade, que por sua vez determinava a quantidade de consciência presente numa experiência não-local, algumas das quais podem materializar-se fisicamente. Sabia que esses eventos de materialização provavelmente aconteceriam quando minha consciência estivesse se expandindo e minha energia estivesse abundante.

A materialização desafia nossas ideias convencionais sobre a realidade, uma vez que a criação de uma pessoa ou objeto como num passe de mágica abala o fundamento exato de nossa perspectiva de mundo. Certamente, a compreensão científica atual é incapaz de explicar esse fenômeno. A experiência direta nos informando que a mente se origina da ordem implicada de realidade, no entanto, sugere que essa ordem de realidade origina universo físico e, desse modo, pode criar todos os fenômenos, incluindo as leis da física. Ver níveis de realidade dessa forma nos ajuda a ver que a materialização não é apenas possível como praticamente qualquer coisa é possível. Tais acontecimentos oferecem um vislumbre do enorme potencial que está adormecido em todos nós.

sonho 6
Transcendendo o Tempo

Até aqui estava tendo trocas mais participativas com as forças da natureza, assim como "realidades mais simultâneas", como as chamo – duas realidades acordadas desdobrando-se ao mesmo tempo, embora uma não seja manifestada no mundo físico. Também estava percebendo cada vez mais a ausência de tempo linear em outros níveis de realidade.

Participar de um discurso com o mundo animado tinha se tornado quase instintivo para mim, por causa de meu treinamento xamânico com os curandeiros Q'ero. Por exemplo, uma vez enquanto caminhava numa montanha no Peru, ouvi histórias contadas pela voz do vento, senti a montanha olhando para mim e participei de uma cerimônia onde um curandeiro Q'ero convidou os relâmpagos para participar de nossas atividades causando lampejos.

O sonho seguinte, que ocorreu no outono de 2000, fez com que eu ficasse consciente do quão é possível se relacionar com as forças energéticas da natureza e como o tempo, como o conhecemos na realidade comum, não existe em outros níveis de realidade.

Uma amiga e eu estávamos explorando localizações potenciais para uma expedição de treinamento xamânico de estudantes em Utah do Sul. Após dois dias cansativos de caminhada num desfiladeiro carregando mochilas de aproximadamente vinte quilos e meio de peso, em temperaturas muito altas, chegamos à ruína que era nosso destino e acampamos ao longo de um riacho. Pouco antes do pôr-do-sol, minha amiga disse que eu deveria dar uma rápida olhada nas ruínas, mais de cento e cinquenta metros acima do penhasco, localizada embaixo da reborda da parede do desfiladeiro, e então, no dia seguinte, poderíamos explorá-la mais.

Deixei minha mochila, levando apenas um pacote e

minha água. Escalei a rocha escorregadia para encontrar a ruína Anasazi com uma kiva intacta [Kiva – local sagrado reservado para oração, rituais sagrados e reflexão interior, na busca do equilíbrio e satisfação nas tomadas de decisões], ou câmara cerimonial simbólica da origem das pessoas, incluindo a escada original que leva a ela. Desci os doze metros dentro da kiva, pretendendo simplesmente sentar-me por um momento nesse lugar sagrado. O interior estava escuro, exceto por um raio de luz penetrando pela abertura. Havia cacos de cerâmica e implementos de pedra nos nichos como se eles estivessem ainda armazenando oferendas no âmbito do espírito. Coloquei um presente que havia trazido para honrar os ancestrais em um dos nichos e sentei-me no chão.

De repente, fui dominada pelo sono, e um contínuo espaço-tempo diferente daquele da realidade cotidiana se abriu. Um homem pequeno, com cabelos pretos na altura do maxilar, estava sentado perto de mim. Além de vê-lo, pude sentir o cheiro de suas roupas e o calor de seu corpo. Falando comigo numa linguagem que eu entendia perfeitamente, embora não fosse uma que eu conhecesse, ele disse que aquele momento já havia sido sonhado e que ele queria mostrar-me algo. De experiências anteriores com realidade simultânea, sabia que se não me envolvesse com a aparição, ela se desvaneceria. E não queria deixá-la desaparecer, porque percebi que era provavelmente a importância por trás da minha viagem a essa área remota de Utah.

À medida que pensava nisso, o homem vagarosamente estendeu sua mão esquerda. Seus dedos estavam bem abertos e havia sujeira embaixo de suas unhas; era a mão suja, calejada de um homem de meia-idade. Então ele colocou sua mão sobre meu ombro esquerdo, fazendo com que eu sentisse como se fosse desmaiar pelo peso do estado alterado descendo sobre mim. Imediatamente senti o fluir familiar de energia pelo meu corpo. À medida que um brilho em minha cabeça aumentava em esplendor, um impulso incontrolável de fusão com ela ficava cada vez mais forte. Fundindo-me, transformei-me num vasto mar de luz permanentemente em movimento. Girando em inúmeras correntes, tanto o homem quanto eu, começamos a evaporar. Minha consciência então se dissolveu na imensidão do infinito.

Após um período de tempo indefinido, novamente me transformei em inúmeras correntes de luz girando em vórtices. Eu era a médium inteligente vital trabalhando como uma arquiteta de estrutura orgânica. Então, à medida que a luminosidade diminuía vagarosamente, percebi a energia remodelando-se em meu corpo e a carne materializando-se. Minha cabeça imediatamente começou a girar, e bem quando pensei que ia desmaiar, tudo se firmou.

Após essa experiência, perguntei-me se havia acabado de ser revelada como os Anasazi, uma comunidade que prosperou e deixou a terra, e por que não havia evidência alguma de sua partida. Embora não se saiba como ou por que os Anasazi desapareceram de repente, alguns Hopi garantem que eles, tendo-se aperfeiçoado nesta vida por meio de interações harmoniosas com a natureza e uns com os outros, simplesmente ascenderam ao quinto nível da criação[1]. Considerar isso fez a observadora dentro de mim presenciar um esclarecimento interno que deixou minha cabeça rodando. Aparentemente, foi melhor não me envolver nessa questão e deixar o conhecimento permanecer um mistério.

A noite havia caído e agora me perguntava se havia despertado para a realidade certa. Vi raios no alto das paredes da kiva e ouvi altos trovões e chuva caindo.

Adormeci me perguntando se sentiria a chuva, e se, ao senti-la, isso significaria que eu estava na realidade certa. Pensar que eu poderia envolver-me em múltiplas realidades de passado, presente e talvez até mesmo futuro, era assustador para mim.

    Quando despertei e vi a luz do dia, novamente me perguntei se havia despertado para a realidade certa. Como eu podia ser tranquilizada que ao descer da rocha escorregadia da ruína eu retornaria ao nosso camping e à minha consciência familiar? Embora eu tivesse vivenciado muitas circunstâncias semelhantes, retornar de estranhos âmbitos de consciência com minha gama de consciência redefinida, parecia, de alguma forma, diferente, paradoxalmente enchendo-me com um sentimento tanto de êxtase quanto de ansiedade.

    Quando cheguei de volta ao camping, minha companheira de viagem estava lá secando nossos pertences sobre a fogueira. Passou-me uma xícara de café e perguntou onde eu havia estado na noite anterior. Enquanto bebericava o café quente e agradecia sua familiaridade, disse a ela que havia ficado na kiva.

    Surpresa, minha amiga respondeu que quando a tempestade havia começado, ela tinha vindo me buscar e encontrou minha garrafa de água na kiva, mas não a mim. Ela havia descido de volta antes da rocha ficar muito escorregadia, imaginando que uma vez que a chuva começasse, eu provavelmente ficaria lá em cima.

    Minha cabeça começou a rodar considerando a possibilidade que a experiência de ver minha carne desaparecer tinha significado que de fato tinha-me desmaterializado. Agarrei-me à minha xícara de café, desesperada por sentir a normalidade daquela manhã, após uma noite em que pareci ter transcendido o tempo.

Reflexões

Na época em que retornei dessa viagem, havia recuperado equilíbrio mental, embora ainda achasse difícil compreender e processar totalmente a experiência de desmaterialização. Com o passar do tempo, acostumei-me cada vez mais com a consciência multidimensional.

Mesmo assim, essa experiência de sonho foi tão fora do comum que percebi a futilidade de revelá-la aos outros e então não disse nada a respeito, mesmo para aqueles mais ligados a mim. Em consequência do sonho, uma mudança profunda em meu funcionamento cognitivo ocorreu, como se eu tivesse aprendido uma língua estrangeira. Ainda vivo em tempo linear, mas ele não é mais real para mim ou fundamental para minha natureza. Seja essa mudança devido à experiência de completamente fundir-me com o Sonho durante o sonho acordado ou à experiência de desmaterialização e rematerialização, algo mudou irrevogavelmente no exame de minha percepção.

Após esse acontecimento, sabia mais claramente que tanto espaço quanto tempo são subprodutos de nossa consciência. Sabia que havia transcendido o tempo, além da morte, e então havia conhecido o caminho de volta para o corpo físico. Também percebi que a fonte do corpo era a mesma que a fonte de todas as coisas – o Sonho, um nível de realidade onde o corpo e a mente não estão separados, onde tempo e espaço são não-existentes, e onde não há conexão causal alguma entre acontecimentos. Neste nível de realidade, parece haver um número infinito de potenciais abstratos manifestando-se simultaneamente no presente.

Por meio dessa experiência de sonho acordado, estava agora claro para mim que temos múltiplas formas de explorar o mundo – ouvindo com nossos ouvidos, tocando com nossa pele, vendo com nossos olhos, provando com nossa língua, cheirando com nosso nariz – e caminhos continuamente abertos ao externo do corpo perceptivo, envolvendo-se com a realidade ilimitada. Considerei a ideia de que talvez sejamos os órgãos e carne do Sonho, e o Sonho esteja percebendo-se por meio de nós – ou talvez o mundo não seja nada além de um sonho que se tornou objeto, e seja o que for que nossa mente poderosa venha a experimentar porque a consciência e matéria são uma só.

Sabia que havia transcendido o tempo, além da morte, e então havia conhecido o caminho de volta para o corpo físico.

sonho 7
Reconfigurando Energia

Nos meses após a experiência de sonho na kiva, a característica mais notável de meu estado era a luminosidade aumentada, tanto de objetos internos quanto externos, e isso se tornou cada vez mais atraente. Quanto mais me permitia fundir sem resistência com o Sonho, que acontecia frequentemente, mais dificuldade tinha de funcionar dia após dia. Estava tão estupefata pelo esplendor do Sonho que tudo deste mundo – todas as coisas concebidas por nós, toda ambição e desejo, até minha existência individual – pareciam banais por comparação.

Estava estarrecida pela imensidão incalculável que havia encontrado dentro de mim mesma. A ansiedade e dúvidas que havia considerado sobre meu estado por vários anos desapareceram completamente, dando lugar a um sentimento de gratidão inexpressível. A seguinte experiência de sonho, que ocorreu na primavera de 2001, fez com que eu ficasse cada vez mais atenta à reconfiguração de energia à medida que minha percepção se fundia com outros objetos e pessoas.

Sonhei que estava deitada embaixo de uma árvore, com meus braços sob a cabeça. Olhando para cima, reparei que uma ave de rapina pousou nos galhos. Inicialmente, achei que fosse um falcão, mas num exame minucioso pude ver que era uma águia careca. Conforme notei isso, ela veio em disparada em minha direção. Rolei para minha direita para cobrir meu rosto, imediatamente após a águia enterrar seu bico na omoplata de meu ombro esquerdo atrás de meu coração.

À medida que o bico penetrava meu corpo, minha consciência tornou-se ilimitada, expandindo-se imensuravelmente em todas as direções. A experiência foi semelhante ao primeiro sonho que tive, no qual minha consciência havia mudado radicalmente, mas nesse sonho eu não tinha nenhum terror ou ansiedade previamente associados com a extensão ilimitada de minha consciência. Pelo contrário, despertei do sonho, afetada até as raízes de meu ser pelo resplandecer do que havia acabado de acontecer. Da natureza da experiência, presumi que o contato com a águia foi algum tipo de transmissão.

Nos dias seguintes, não conseguia integrar a magnitude de minha consciência expandida com meu mundo cotidiano. Minhas emoções tornaram-se ampliadas, e minha imaginação ficou altamente excitável e vívida. Por causa de sentimentos intensificados e fadiga devido a minha incapacidade de dormir, fiz tudo ao meu alcance para manter estabilidade emocional.

Uma noite, após três dias sem sono e sem estabilidade emocional, ficando extática num momento, chorando num outro, entrei em minha sala de meditação para descansar meus olhos. Inúmeras imagens giravam em minha mente até que uma figura completa de Jesus apareceu, momento no qual as outras imagens pararam de girar. Enquanto permanecia em minha própria consciência, tive um diálogo com Jesus. Cética, e tendo pouca familiaridade com ele, perguntei o porquê de ele estar ali.

Ele disse: "Para lhe entregar uma mensagem".

Perguntei por que ele.

Ele respondeu: "Já entreguei um dom. Eu o fiz por meio da águia para que se tornasse mais receptiva. Estou aqui para ajudá-la a integrar uma parte do dom".

Sabia dolorosamente que estava tendo dificuldade em integrar a última expansão em consciência. Preocupada, perguntei-lhe que mensagem queria me entregar.

Ele disse: "Incorpore-me e você saberá".

Lembrei-me de que Swami Muktananda, em sua autobiografia, *Play of consciousness*, discutiu o incorporar de seu guru[1]. Sabia que isso estava relacionado com fundir-se com o Sonho. Considerei fundir-me com a imagem de Jesus diante de mim, mas por minha mente já estar em um estado precário decidi não fazê-lo.

Saindo desse estado de semitranse, presumi que havia sido receptiva à consciência de Jesus porque a Páscoa estava chegando.

Reflexões

Em retrospectiva, estou convencida de que se tivesse incorporado Jesus naquela noite, teria aprendido informações valiosas sobre onde o limite entre consciência e matéria. Talvez tivesse recebido a chave para fluidez em reconfigurar energia para fundir-me com objetos e pessoas. Em vez disso, tive de aprender o processo de maneira árdua.

Consequentemente, pelos dezoito meses seguintes tive experiências de sonho de realidades simultâneas, tanto dormindo quanto acordada, envolvendo fusão com várias formas. Comecei a fundir-me com quase tudo, reconfigurando-me energeticamente para transformar-me nessas formas – animais, plantas, pedras, prédios, corporações e pessoas – até de muito longe. Chamo tais experiências de "sonhos de reconfiguração". Em relação a todas elas, havia reconfigurações da energia dentro e ao redor de meu corpo à medida que minha consciência se transformava em cada forma, e experimentando os estados de sentimento daqueles com os quais me fundia. Presumo que essa fase de sonho estava treinando minha consciência para ser mais fluídica e talvez despertar a energia de meu corpo.

Por exemplo, durante esse período estive no Peru, fazendo uma escalada matutina à cidade de Marcahusi, a mais de 4.200 metros, num cavalo de carga. Tinha-me rendido à sonolência e fechado meus olhos. Rapidamente, estava fundindo-me com uma mulher afro-americana que estava de pé do lado de fora de sua porta da frente, batendo nela com uma sacola de mantimentos que trazia em seus braços. Um homem, que eu sabia ser seu marido, cumprimentou-a. Quando ela entrou na casa, transformei-me nela. A energia exigida para me reconfigurar e me transformar nela, sentir através dela, ver através de seus olhos, era enorme. De repente, fui sacudida de volta à percepção comum, sentindo-me exausta após reconfigurar meus padrões de energia ao me fundir com a mulher, mas tirando isso estava montada em meu cavalo como se nada tivesse acontecido.

Por meio dessas experiências de sonho passei por desenvolvimentos significativos. Primeiro, minha consciência estava habitualmente exteriorizada ou situada fora dos limites de meu corpo físico. Após a primeira experiência de sonho, em 1996, meu "eu", ou ego, permanecia, mas em vez de ser uma unidade confinada, englobava uma dimensão mais vasta. Agora, no entanto, podia perceber um acontecimento que incluía meu "eu", vendo-o de uma perspectiva fora de mim mesma. Minha consciência exteriorizada podia se envolver tanto com realidade física quanto com âmbitos sutis de realidade fora do espaço e tempo. Segundo, minha consciência exteriorizada podia ser reconfigurada como outra forma, ou reconfigurada como aquela forma e então fundir-se com a energia tanto de dentro quanto por atrás daquela forma, ou fundir-se com aquela energia e então começar a se reconfigurar. Terceiro, minha consciência exteriorizada podia diminuir a velocidade, acelerar ou deslocar instantaneamente.

Finalmente, minha consciência exteriorizada trouxe experiências para a vida até mais vividamente do que quando minha consciência estava identificada com o corpo. Descobri que não é como um ver remoto, no qual localizações distantes são percebidas pelo poder da mente e nenhuma emoção é sentida. Quando a consciência se exterioriza, os acontecimentos são mais vívidos do que o normal, e você experiencia os pensamentos, sentimentos e ações da forma com se fundiram. Ken Eagle Feather também alude esse fenômeno ao descrever as práticas de sonho dos Toltecas[2].

Foi durante esses meses de sonhos de reconfiguração que percebi entrar nos sonhos de outras pessoas. Despertava tanto nos sonhos das pessoas conhecidas quanto nos sonhos de estranhos – um fenômeno que não percebi estar acontecendo até que clientes relataram sonhos que me eram familiares.

Além disso, foi por meio do despertar nos sonhos de outras pessoas que percebi que havia desenvolvido consciência exteriorizada e aprendido o quanto a participação com o Sonho afeta a realidade e a expansão da consciência. Quando acordava no sonho de alguém, fazia todo o esforço possível para reconfigurá-lo na forma na qual eu estava chegando. Descobri que estava sendo ensinada a manobrar entre energias e mudar de uma forma para ausência de forma dentro do Sonho. No processo, aprendi que a energia luminosa dentro do Sonho é força quando aplicada à matéria inorgânica, e vida quando aplicada ao plano orgânico.

Foi também nessa época que notei que minha mente frequentemente expandia-se sem encontrar barreiras e que eu conseguia influenciar as forças sutis da natureza. Podia alterar circunstâncias, mudar destinos e modificar os efeitos das ações de outras pessoas. Sabia que estados transcendentais levavam à liberdade das leis físicas da natureza, mas eu estava incerta sobre como queria me relacionar com esse poder.

Por fim, fiquei paralisada por minha dificuldade de integrar estados expandidos de consciência e a pressão crescente de disponibilizar minhas capacidades curadoras aos outros. Consequentemente, decidi renunciar ao mundo cotidiano para recuperar minha saúde física e emocional. Parecia melhor, neste ponto, simplesmente dissolver-me no caos, como a lagarta se dissolve dentro de seu casulo antes da massa desintegrada ser transformada numa borboleta. Para obter o tempo e espaço necessários para assimilar a realidade transcendental em minha vida, mudei para a ilha de Kauai por um período de tempo estendido.

Quando a consciência se exterioriza, os acontecimentos são mais vívidos do que o normal, e você experiencia os pensamentos, sentimentos e ações da forma com se fundiram.

sonho 8
Domínio com a Natureza

Ao chegar ao Havaí, minha consciência continuava a se expandir. Agora, tais experiências se tornavam cada vez mais uma fonte de força e felicidade. Esse desenvolvimento tinha sido gradual, e eu acreditava que a adaptação era devido à melhora em minha saúde geral no clima tropical mais do que qualquer processo transformativo em mim.

Na primavera de 2003, enquanto tentava integrar aspectos de minhas experiências de sonho mais além, comecei a trabalhar num manuscrito sobre o domínio dos curandeiros Q'ero de viver em harmonia com a natureza. Logo após, fui à ilha de Oahu para visitar meu irmão, um tenente coronel do exército dos Estados Unidos, servindo no porto Pearl. Lá, em acentuado contraste às pessoas ao meu redor, que estavam empolgadas pela "Guerra contra o Terror", eu estava imersa na arte de ver cada momento como sagrado.

Dessa forma, percebi entusiasticamente a disparidade entre a noção do poder na América e na tradição Q'ero, onde ele é definido pela habilidade de "push the kawsay" [troca contínua de energia vital com o cosmos] para compartilhar a criação com a energia da existência que gera vida – quer dizer, exercer domínio com a natureza em vez de domínio sobre ela. De acordo com os Q'ero, para interagir com energias sutis, é necessário aprender como fundir-se com o "EU" no campo energético e abrir o coração. Nesse estado, é possível promover mudanças com o mínimo esforço e curar ou extinguir formas de vida sem sinal de ação aparente. Por exemplo, quando estava caminhando nos Andes com um curandeiro, encontramos um burro que havia quebrado sua perna e estava deitado de lado, de olhos bem abertos, com larvas arrastando-se por sua ferida aberta. O curandeiro parou e fez uma prece rápida, imediatamente após o burro relaxar e dar seu último suspiro. Adquirir esse tipo de conhecimento e poder requer um relacionamento profundo, íntimo, com todas as forças que compõem a vida.

O sonho seguinte, que ocorreu na primavera de 2003, foi minha primeira experiência na compreensão do poder que pode vir do domínio junto, em vez de sobre, a natureza. Isso também reflete uma progressão em minha exposição à dissociação entre o limite da consciência e da matéria, que primeiro reconheci durante o período de sonhos de reconfiguração. Tal dissociação parece um pré-requisito para adquirir o poder que vem do domínio com a natureza.

Havia experimentado duas noites de sonhos de guerra repetitivos que incluíam temas arquetípicos de tortura. Durante a primeira noite de sonho, estava emocionalmente alheia à cena, mas ainda tinha de tomar decisões para garantir a segurança de todos os envolvidos. Na segunda noite de sonho, assisti a mim mesma passivamente observar cenas repetidas de sofrimento humano. Nas duas noites parecia que não conseguia abandonar a repetitividade.

Na terceira noite de sonho, por causa do despertar familiar de energia e aumento de luminosidade dentro e ao redor do meu corpo, sabia que ia ter um sonho de reconfiguração. Às vezes, tais mudanças de vibrações, que fazem parecer que estou movendo-me com velocidade tremenda, fazem com que eu caía de uma experiência de sonho, mas, nesse dia, consegui ficar dentro dela.

À medida que notava isso, minha percepção foi para uma jovem mulher vestida com um uniforme militar rasgado. Ela tinha sido espancada, estuprada e torturada; seus mamilos mutilados e colados com fita vedante abaixo da virilha, como se fossem testículos, degradando-a. Pude ver claramente o rosto de seus torturadores e a sala com seus aparelhos de tortura. Notei até que a fita vedante não era parecida com qualquer uma que eu conhecesse.

À medida que minha energia se fundia com a da jovem mulher, soube de sua história e pude sentir que ela havia se dissociado de seu corpo e que seu espírito estava destruído. Também senti a sensação familiar de êxtase que ocorre quando a consciência está se expandindo e fundindo com o Sonho. Conforme me fundia com a mente da mulher, a vibração aumentava para uma velocidade que facilitava mover-me para outra dimensão. Então, a mulher começou a orar fervorosamente, berrando: "Meu Pai Celestial, imensa é tua misericórdia. Ajuda-me a alcançar os céus"; assim, participei de sua prece.

Enquanto a vibração continuava a acelerar e meu sentimento de êxtase aumentava, simultaneamente experimentei os sentimentos de horror e de dor da mulher, e os sentimentos de ódio e fúria do torturador. Finalmente, saí do sonho.

Ao despertar, a fadiga e o calor interno que geralmente acompanhavam esse tipo de sonho não estavam presentes. No entanto, de fato me senti emocionalmente em carne viva em consequência de ter simultaneamente experimentado esses acontecimentos terríveis e exaltação. Os sentimentos de horror, êxtase, fúria e revolta ficaram comigo e aumentavam em intensidade toda vez que me concentrava neles.

Um mês antes eu teria interrompido tal experiência de sonho, separando-me, mas agora algo novo estava acontecendo dentro de minha percepção em expansão. Toda vez que queria abandonar ou reagir, era-me revelado como simplesmente estando com a experiência, consciente de permanecer fluídica, permitindo que todos esses sentimentos simplesmente existissem.

Tirei o dia de folga de escrever, nadei no mar e

caminhei pela praia, sabendo que com o tempo o resíduo emocional do sonho passaria. À noite, ainda me sentia vulnerável. À medida que meu irmão e eu estávamos nos arrumando para o jantar, as últimas notícias sobre a guerra no Iraque estavam passando na TV – uma reportagem sobre vários soldados de países diferentes que estavam sendo mantidos em cativeiro como prisioneiros de guerra. Foram mostradas as fotos dos soldados. O rosto da jovem mulher com quem eu havia estado na noite anterior, no sonho, apareceu como prisioneira de guerra do Iraque. Profundamente comovida pelas cenas terríveis de sofrimento humano presenciadas em meu sonho, ouvi em silêncio.

Reflexões

O que foi único sobre essa experiência de sonho foi que eu não mais simplesmente me fundia com o Sonho; em vez disso, a ação estava acontecendo simultaneamente por meio da consciência exteriorizada, além do meu corpo e da consciência situada nele. Nessa experiência de sonho, aprendi a ver o que é repugnante e o que causa tristeza extrema como parte da divindade em si. O desafio que isso apresentou era ao mesmo tempo terrível e glorioso. Ao fundir-me com a mulher e seu torturador simultaneamente, vim a conhecer o amor na fonte. Entrei no domínio perceptual onde o poder é domínio com tudo da natureza e entendi que esse tipo de poder vem do domínio com o Sonho que dá luz a si mesmo.

Além disso, essa experiência de sonho foi notória por juntar todos os elementos de sonho transcendental pela primeira vez: energia fluente; reconfiguração de energia dentro e ao redor do corpo, com associada sensação de velocidade; luminosidade aumentada; fusão com o Sonho e o concomitante sentimento de êxtase; consciência exteriorizada além do corpo físico; e não-localidade.

Uma vez me fundido com o Sonho, a ação estava acontecendo *através* de mim. Não havia experimentador ou experiência durante o sonho, apenas o *ato de experimentar*. O resultado era ação sem ator algum – comportamento livre de esforço e vontade pessoal, ou desejo.

Após este sonho, percebi entusiasticamente minha recém-descoberta habilidade de transcender o limite que rigidamente confina a atividade mental da maioria dos seres humanos. Havia experimentado a dissociação do limite entre consciência e a matéria e ainda não havia deixado o meu corpo. Isso se deve talvez ao desenvolvimento da percepção, tanto da consciência exteriorizada além do corpo, quanto da consciência situada no corpo, ou ao novo desenvolvimento de ser a experiência de múltiplas formas simultaneamente. Apesar de tudo, ao encontrar essa jovem mulher e seu torturador, meu coração tinha se conectado com sua própria fonte. Pela fusão com o Sonho, e a experiência tanto em minha consciência exteriorizada quanto em meu corpo, como se fossem um, eu vivenciei o Uno por trás da ilusão da separação, e meu coração se harmonizou.

Essa foi a parte de integração que estava me iludindo. Uma vez que tomou seu devido lugar, a mudança mais notável ocorreu – voltei a viver normalmente. Conservando o estado de consciência aumentado, eu fui de um estado de êxtase desconfortável, instável a um de sobriedade. Minha afeição pela vida voltou, até maior do que antes. Mais uma vez queria amar, viver, ensinar e estar no mundo. Não mais me senti como a lagarta se dissolvendo dentro de seu casulo, porque eu sabia que eu era a borboleta.

sonho 9
Compartilhando a Criação com a Consciência

De vez em quando eu retornava a Minneapolis para trabalhar e me esforçava cada vez mais com o que fazer com o conhecimento adquirido por meio do que pareciam ser sonhos proféticos. Com a habilidade de transcender o tempo e influenciar acontecimentos ou alterar destinos vem a necessidade de determinar como você deseja lidar com essas capacidades. No verão de 2003, a seguinte experiência de sonho, que envolveu um cliente que eu estava atendendo há oito anos, fez com que eu ficasse cada vez mais consciente de minha responsabilidade potencial em compartilhar a criação de acontecimentos e contribuíram significativamente para como eu agora escolho relacionar-me com experiências transcendentais enquanto vivo em um mundo linear.

Em um sonho, eu estava observando um homem sentado atrás do volante de um carro observando de forma suspeita a entrada de uma casa noturna, como se estivesse esperando por alguém. Era em Chicago, onde eu havia morado por vários anos enquanto fazia meu trabalho de graduação, e conhecia bem a área que estava vendo no sonho. Logo, o homem concentrou sua atenção em duas mulheres saindo do bar e caminhando em direção a um carro estacionado – uma das quais era uma cliente minha. Minha cliente parou, disse algo a sua amiga, e começou a caminhar de volta em direção ao bar enquanto sua amiga ficou para trás.

O homem então saiu de seu carro, veio atrás de minha cliente, pegou-a pelo braço e abraçou-a com força. Ela evidentemente conhecia o homem, mas resistiu a ele. Eles passaram em frente ao bar e entraram num beco isolado, discutindo em voz alta. Ela bateu nele, e ele empurrou-a com tanta força que ela tropeçou 3 metros e caiu no chão, imediatamente após ele sacar uma arma e atirar nela. Quando o tiro disparou, voltei imediatamente sentada em minha cama.

Naquela manhã, sabendo que o sonho podia ser profético, considerei se deveria contatar minha cliente e verificar sua segurança. Minha cliente era uma contadora aposentada de meia-idade a poucos meses de se graduar em um curso de teologia. Tinha a visto no começo da semana e apoiado sua decisão de obter uma ação cautelar contra um novo namorado, um homem que tinha acessos de raiva e pouco controle sobre seus impulsos. Uma vez que a conhecia há muitos anos, decidi compartilhar o sonho com ela.

Então telefonei e perguntei se estaria disposta a ter uma consulta em cima da hora. Ela respondeu: "Estou em Chicago visitando uma amiga agora". Sua resposta confirmou para mim que o sonho provavelmente era profético, então contei a ela sobre ele.

Vários meses se passaram, durante os quais ela faltou a uma consulta e não respondeu a duas mensagens telefônicas e uma carta. Consequentemente, presumi que estava morta. Mas uma semana antes de meu retorno agendado ao Havaí, finalmente recebi uma ligação dela. Soluçando e falando de forma ininteligível, solicitou uma consulta para o dia seguinte. Quando chegou ao meu consultório, fiquei chocada que a mulher antes vibrante, forte, estava agora macilenta, com uma paralisia facial, um olho preto, dois dentes quebrados e marcas em seus braços. Contou-me que tinha levado meu aviso em consideração e voado de volta para Minneapolis, ficando com o namorado que a tinha seguido até Chicago e contribuído para que ela passasse a fazer uso de heroína. Em apenas seis meses ela estava vivendo nas ruas como uma prostituta e tinha-me procurado porque seu cafetão havia estuprado e batido nela e roubado seu dinheiro, e ela não tinha lugar nenhum para ir.

Ofereci levá-la ao hospital e defendê-la. Ela sacudiu a cabeça negativamente e perguntou se eu aceitaria seus brincos – tudo o que ela ainda tinha – como presente pelos anos que havíamos trabalhado juntas.

Disse que sim, se ela aceitasse os meus em troca, como presente para lembrá-la que eu a auxiliaria. Ela aceitou meus brincos, mas disse que não me deixaria ajudá-la nem contaria onde eu poderia encontrá-la.

Reflexões

Nos dias após meu encontro com essa cliente, considerei se minha decisão de compartilhar o sonho tinha contribuído para seu sofrimento. Repetidamente, analisei em minha mente as possíveis perspectivas de resultado por compartilhar ou não o sonho com ela. Se eu não tivesse lhe contado e o fato tivesse acontecido, talvez ela tivesse sido baleada, mas não fatalmente, motivando-a a sair de um relacionamento perigoso, ou talvez tivesse se recuperado apenas para acabar na mesma situação de qualquer forma. Ou talvez tivesse sido morta a tiro e não teria tido que viver outros seis meses num caminho de autodestruição. Finalmente, talvez o sonho fosse somente um sonho e nunca teria se materializado.

A decisão que cabia a mim de informar minha cliente parecia resultar do fato de que nessa experiência de sonho eu era a observadora e não me fundi com o Sonho, então estava separada da ação. Em comparação, em experiências de sonho nos quais me fundo com o Sonho, não há "eu" nenhum separado da ação; sei das possibilidades infinitas simultaneamente e não tenho nenhum apego. Em experiências de sonho desse tipo, a ação correta parece desdobrar-se e nunca há uma decisão que deixou de ser tomada em tempo linear com base em vontade pessoal.

Finalmente, consegui esclarecer minha posição sobre como relacionar-me com a realidade transcendental enquanto vivia em um mundo linear, por meio da reconsideração da teoria do caos. Físicos descobriram que muitos fenômenos aparentemente caóticos frequentemente contêm padrões escondidos que resultam em pequenos transtornos, causando efeitos significativos ao longo do tempo[1]. Descrevem essa ocorrência metaforicamente, dizendo que uma borboleta batendo suas asas em Pequim pode ser a pequena interferência que causa uma tempestade tropical no Caribe. Perguntava-me se nossa consciência poderia intervir nessa borboleta batendo asas em Pequim a fim de evitar uma tempestade tropical no Caribe. Para fazer isto, teríamos de ser capazes de nos fundir com o Sonho e dessa forma participar do desdobramento de um acontecimento.

Novamente refletindo sobre a experiência de sonho com minha cliente, vi aquilo porque não me fundi com o Sonho, não foi possível intervir no nível da borboleta e desse modo participar do desdobramento de acontecimentos que a afetaram. Coube a mim considerar a questão, como saber qual borboleta pode começar uma tempestade no Caribe e de que forma é possível intervir? Por fim, pelas experiências de fundir-me com o Sonho, percebi que o sonho transcendental é o caminho para experimentar a origem dos fenômenos. O sonho transcendental vai levá-lo ao Sonho, e o Sonho vai levá-lo àquela borboleta que é a origem da tempestade e também determina o curso de ação necessária. Criação e sua expressão são perfeitas do jeito que são.

Desde essa experiência de sonho, não compartilho mais os sonhos que podem ser proféticos com as pessoas que estavam dentro deles. Independentemente de eu ser uma observadora no sonho ou estar fundida com o Sonho e uma parte da ação, minha resposta em tempo linear é quase sempre a não-ação. Ao escolher a não-ação, alinho minha própria vontade com o Sonho, preferindo esse relacionamento a poder e ação. Somente na experiência de fusão com o Sonho começa-se a entender que não se trata de fazer.

Adquirir a habilidade de alinhar e compartilhar a criação com o vital, dando vida à energia da criação só pode resultar de um relacionamento profundo, íntimo com a fonte de vida em si. Quando essa fonte é experimentada, o potencial inerente dentro de você para o domínio da natureza e o fato de compartilhar a criação do Sonho é despertado.

sonho 10
O Viver Transcendental em um Mundo Linear

Vivi no Havaí me acostumando às experiências transcendentais por três anos e meio. Durante esse tempo, obtive uma nova vitalidade e realidade multidimensional que se tornou natural à minha natureza. Um crescente amor pela vida e a humanidade eram o florescer de frequentemente fundir-me com o Sonho. Conforme essa afeição crescia, meu desejo de entrar novamente no mundo cotidiano e servir, levou-me, em maio de 2006, a voltar a Minneapolis. Lá, rapidamente mergulhei no gerenciamento de experiências transcendentais enquanto vivia em um mundo linear. A seguinte experiência de sonho, que ocorreu após seis meses da minha volta, fez com que eu ficasse mais consciente da possibilidade de alterar o destino e compartilhar a criação do Sonho.

Despertei dentro de um sonho e me vi em uma praia com uma família vietnamita. Enquanto observava suas interações, a energia dentro e ao redor de meu corpo começou a se reconfigurar, e me fundi, um por um, com cada membro da família. Toda vez que me fundia com outra pessoa, experimentava seus pensamentos e sentimentos e sabia de sua história pessoal. Isso aconteceu durante a noite toda.

Em algum momento do sonho, quando havia voltado a observar a família como um todo, vi uma menininha com cerca de seis anos, sendo puxada para o fundo do mar por uma maré alta muito elevada. A mãe da criança, que tinha um nítido sinal de nascença em seu pescoço, começou a gritar desesperada. Curiosos estavam apenas observando a criança afogar-se. Notei minha própria indiferença ao fato de ela estar se afogando. Então, de repente, incapaz de suportar mais os gritos sofridos da mãe, pulei dentro da água e salvei a menininha. Quando ela estava em segurança na praia com sua família, despertei do sonho. Ao despertar, estava cansada e nervosa por me fundir repetidamente com pessoas diferentes no sonho e me perguntei por que havia feito isso com uma família do Vietnã.

Curiosamente, três noites antes de ter esse sonho, havia recebido uma ligação de uma enfermeira clínica de outro Estado em nome de um jovem casal interessado em ter uma consulta comigo. Quando perguntei sobre a natureza da visita, ela disse que eles sentir-se-iam mais confortáveis em dizer-me pessoalmente. Uma vez que frequentemente escolho não auxiliar uma pessoa, senti que seria melhor se soubesse a natureza da visita antes de eles fazerem a viagem, mas ainda assim concordei ver o casal.

Quando eles chegaram ao meu consultório para uma consulta, à noite, dois dias depois do sonho, reparei que a jovem mulher tinha um sotaque vietnamita. Disse que estava grávida de seis semanas, mas que não era um momento oportuno para eles terem filhos, e queria que eu a auxiliasse em um aborto natural. Embora eu tivesse habilidade para ajudar nesse assunto, não podia imaginar porque iria querer fazer isso. Informei o casal que daria uma resposta a eles dentro de vinte e quatro horas, e que se eu decidisse auxiliá-los, eles não teriam de estar fisicamente presentes.

Quando a mulher apanhou sua bolsa para dar-me seu cartão de visita, uma fotografia caiu no chão virada para cima, entre meus pés. Quando me abaixei para apanhá-la, vi que a mulher da foto tinha o mesmo sinal de nascença em seu pescoço, como a mulher do meu sonho, duas noites antes. Num exame minucioso, pude notar que era uma foto da mãe que aparecera em meu sonho.

Para ter certeza de que a experiência do sonho e o pedido estavam relacionados, perguntei a jovem mulher se tinha tido uma experiência de quase ter se afogado quando criança. Ela olhou para mim com uma expressão confusa e confirmou.

Após o casal deixar meu consultório, apanhei o cartão de visita da jovem mulher para colocá-lo em minha pasta. Enquanto olhava para o cartão, o sentimento forte e fortemente emotivo associado com o sonho tomou conta de mim. Senti o despertar familiar de energia dentro e em volta de meu corpo, junto com o aumento em luminosidade, e sabia que ia experimentar um sonho acordada. Logo me encontrei em ressonância com a energia dentro do útero da jovem mulher, que primeiro começou a se dispersar, então, à medida que o tempo passava, serenou. Sabia que a jovem mulher estava sofrendo um aborto.

Na manhã seguinte liguei para o jovem casal. Após o marido atender ao telefone, eu simplesmente disse: "Sei que sua esposa sofreu um aborto na noite passada. Por favor, cuide muito bem dela e peça-lhe que me telefone se tiver quaisquer perguntas". Recebi um cartão dela um mês depois me agradecendo por fazer algo que "eu" não fiz.

Reflexões

Esse sonho enfatizou para mim o quanto o equilíbrio entre experimentar os âmbitos mais sutis de realidade e o viver em um mundo que não os percebe é uma arte. Nessa experiência de sonho, o fato de minha própria escolha em tempo linear ter muito provavelmente sido a não-ação não afetou o resultado, e depois coube a mim a responsabilidade de lidar com as repercussões em nosso mundo comum.

Até que o mundo linear evolua para acomodar experiências multidimensionais, o gerenciamento da realidade transcendental frequentemente requer autocrítica e diplomacia. O tempo todo se deve lembrar que caminhar em equilíbrio no mundo manifesto com o "eu" dissolvido dentro do Sonho é uma habilidade adquirida. O místico persa do século XII e poeta Jalaluddin Rumi expressou tal conexão com a criação em seu poema "This Is How I Would Die" [É Assim Que Eu Morreria] na linha "Venha para mim despido, não há ninguém aqui"[1]. O viver transcendental parece muito com o verso de Rumi.

Outra experiência de sonho que tive esclarece ainda mais o dilema de lidar diplomaticamente com experiências transcendentais na realidade cotidiana. Pouco depois de voltar a morar em Minneapolis, decidi consultar uma massagista. Um amigo que eu respeitava recomendou-me uma profissional, e quando liguei para marcar uma consulta para o dia seguinte, a mulher sugeriu que eu pensasse em uma intenção para nossa sessão. Naquela noite antes de me deitar, refleti em uma intenção.

Uma vez dormindo, despertei dentro de um sonho sentada à mesa da cozinha dessa mulher para estabelecer a intenção para minha sessão com ela. Entramos em seu espaço para prática, onde experimentei a sessão inteira. Quando despertei, algumas horas depois, sabia que o trabalho já havia sido feito, uma vez que tive as sensações físicas que frequentemente acompanham as massagens. Fui confrontada com o dilema de como lidar com isso. Repassei as possibilidades. Podia simplesmente cancelar a consulta. Podia cancelar a consulta, enviar-lhe um cheque e agradecê-la pela sessão no sonho. Podia ir à consulta, estabelecer uma nova intenção e ter uma experiência diferente.

Por fim, optei por manter a consulta. Quando cheguei, encontrei a mulher da qual havia recebido a massagem no sonho, com a mesa de cozinha idêntica. Decidi contar o que havia acontecido em meu sonho, após o qual estabeleci uma intenção diferente para o tratamento da tarde e paguei-lhe extra. Tivemos uma bela sessão.

Essas duas experiências de sonho exemplificam as

muitas capacidades que se desdobram quando percepções transcendentais despertam um potencial humano, incluindo profecia, vidência, transcender o tempo, não-localidade, materialização e lidar com resultados de tais experiências em realidade linear. Curiosamente, quase todos os indivíduos que tem capacidades transcendentais não podem controlá-las à vontade. Esta é a beleza de unir-se com uma força maior do que sua vontade.

conclusão
O Humano Transcendental

As experiências de sonho relatadas aqui são uma homenagem à inteligência que há por trás e dentro da criação e ao potencial humano a ser despertado em todos nós. Conforme desenvolvia cada vez mais capacidades transcendentais, acompanhadas por mudanças de percepção, físicas, bioquímicas e energéticas, fui continuamente desafiada, física e mentalmente, a aprender a acomodar minha expansão de consciência e acompanhar flutuações de energia, um processo ainda em andamento em mim após dezessete anos.

Essas novas capacidades incluíam a habilidade de estar em mais de um lugar num momento, compartilhar a criação de âmbitos imperceptíveis, e coexistir no mesmo espaço com corpos de um material semelhante. Mas a verdadeira recompensa do sonho transcendental é fundir-se com o Sonho e experimentar a inteligência universal por trás de todas as formas. Quando isso ocorre, o "EU" se rende, e você se torna *um* com a criação. De tal posição estratégica, há apenas a ação correta que não vem da vontade pessoal, desejo ou esforço; mas sim, da ação que ocorre por meio de você. Você aprende a viver em um relacionamento não-casual com a vida. A alegria e admiração que tantas pessoas estão procurando naturalmente acompanham esse estado de consciência.

Fundir-se com o Sonho, no entanto, confunde a mente. Em vez de ficar perdido pensando, você reconhece a si mesmo como a percepção por trás dele. Pensar, deixa de ser uma atividade egoísta, autônoma, que controla sua vida. Quando você é a percepção em si, não há eu nenhum para envolver-se em pensamento. Você não mais reflete sobre o mundo; você *é* o mundo. Quando você é *um* com o Sonho, você pode retornar à verdadeira fonte de seu ser e participar conscientemente do desdobramento dessa inteligência.

Em meu contato com a realidade transcendental eu sou nada mais do que uma criança constantemente se perguntando quanto ao que percebo, tentando decifrar uma linguagem fora do alcance do intelecto e mais difícil de seguir do que qualquer outra que eu tenha aprendido no mundo manifesto. Na verdade, o viver transcendental é mais bem abordado num espírito de humildade, rendendo-se ao Sonho que rege a criação. Fundir-se com o Sonho é extasiante, inspirador, e extremamente esclarecedor porque revela a sublimidade e natureza eterna de nosso ser.

Dadas as tendências caóticas evidentes da sociedade moderna, parece que está chegando a hora em que a humanidade deverá renunciar à atual e ultrapassada modalidade dominante de pensamento e tempo linear e elaborar modelos, a fim de alcançar a realidade transcendental. Visto que nossos costumes atuais, leis e valores não são destinados para um estado transcendental de consciência, as novas estruturas terão de acomodar experiências de não-localidade, realidades simultâneas, manifestação de âmbitos imperceptíveis e outras capacidades transcendentais. Muito provavelmente, nossa sobrevivência na era por vir dependerá de nossa habilidade de fazer isso.

Frequentemente me perguntei se milênios atrás, no alvorecer da razão, os processos de pensamento cognitivo pareciam estranhos aos primeiros humanos que agiam de acordo com comportamentos instintivos. A nova faculdade de consciência transcendental, que substitui a razão, pode parecer mistificante da mesma forma.

O crescimento da consciência humana não parece ser previsível ou linear. Segue um caminho instável, avançando em saltos imprevistos, em epifanias revelatórias, uma pessoa de cada vez, frequentemente ocorrendo ao longo das margens da vida contemporânea, como uma erva daninha florescendo de uma rachadura de calçada numa esquina da cidade. À medida que o coração se abre ao que reside além da razão, uma nova realidade emerge e o humano transcendental nasce.

Que possibilidades inimagináveis abrir-se-ão diante de nós, que forças extraordinárias dominaremos com a expansão de consciência mais além, é impossível compreender a fundo no momento. O único jeito de *saber* o jogo do destino é render-se ao mistério.

NOTAS

INTRODUÇÃO: *O Sonho*
1. BARKS, Coleman. *The soul of Rumi.* New York: HarperCollins, 2001. p.37.
2. BLOFELD, John. *The tantric mysticism of Tibet.* New York: E. P. Dutton, 1970. p.p.61-62.
3. PRABHAVANANDA, Swami; MANCHESTER, Frederick. Trans. *The Upanishads.* Hollywood, CA: Vedanta Press, 1975. p.197.
4. GRIAULE, Marcel. *Conversations with ototemmeli.* London: Oxford University Press, 1965. p.108.
5. THERO, E. Nandisvara Nayake. "The Dreamtime, Mysticism and Liberation: Shamanism in Australia". In *Shamanism*. Ed. Shirley Nicholson. Wheaton, IL: Theosophical Publishing House, 1987. p.226.
6. BOHM, David. *Wholeness and the implicate order [Totalidade e a Ordem Implicada].* London: Routledge & Kegan Paul, 1980. p.205.
7. RUIZ, Miguel. *The mastery of love* [O Domínio do Amor]. San Rafael, CA: Amber-Allen, 1999. p.130.
8. RUFFIN, Bernard C. *Padre Pio:* the true history. Huntington, IN: Our Sunday Visitor Publishing Division, 1982. p.p.263-264.
9. HARALDSSON, Erlender. *Modern miracles:* an investigative report on psychic phenomena associated with Sathya Sai Baba. New York: Fawcett Columbine, 1987. p.p.26-27.

SONHO 1: *Uma Mudança Radical na Consciência*
1. Krishna, Gopi. *Living with kundalini.* Boston: Shambhala, 1993. p.145.
2. ABRAM, David. *The spell of the sensuous:* perception and language in a more-than-human world. New York: Vintage, 1997. p.19.

SONHO 3: *Rompendo com a Ilusão de Tempo e Espaço*
1. TALBOT, Michael. *The holographic Universe.* New York: HarperCollins, 1991. p.41.
2. SRI, Satprem. *Aurobindo or the adventure of consciousness.* New York: Institute for Evolutionary Research, 1984. p.219.
3. BAER, Ulrich. *The poet's guide to life:* the wisdom of rilke. New York: Modern Library, 2005. p.xxxiv.

SONHO 5: *Materialização e Desafio da Realidade Convencional*
1. WOLF, Fred Alan. *Taking the quantum leap:* the new physics for nonscientists. New York: HarperCollins 1989. p.183.

SONHO 6: *Transcendendo o Tempo*
1. HINCHMAN, Sandra. *Southwest's Canyon country.* Seattle, WA: The Mountaineers, 1990. p.23.

SONHO 7: *Reconfigurando Energia*
1. MUKTANANDA, Swami. *Play of consciousness.* New York: SYDA Foundation, 1994. p.49.
2. FEATHER, Ken Eagle. *A toltec path.* Charlottesville, VA: Hampton Roads, 1995. p.194.

SONHO 9: *Compartilhando a Criação com a Consciência*
1. HUNT, Valerie. *Infinite mind:* science of the human vibrations of consciousness. Malibu, CA: Malibu Publishing, 1996. p.p.53-54.

SONHO 10: *O Viver Transcendental em um Mundo Linear*
1. BARKS, Coleman. *Voice of longing.* Boulder, CO: Sounds True, 2002. Áudio.

Leitura sugerida

BABA, Meher. *Infinite intelligence*. North Myrtle Beach, SC: Sheriar, 2005.

BARKS, Coleman. *The soul of Rumi:* A new collection of ecstatic poems. New York: HarperCollins, 2001.

CASTANEDA, Carlos. *The art of dreaming*. New York: HarperCollins, 1993.

HOUSTON, Jean. *Jump time:* your future in a world of radical change. Boulder, CO: First Sentient Publications, 2004.

HUNT, Valerie. *Infinite mind:* science of the human vibrations of consciousness. Malibu, CA: Malibu Publishing, 1996.

KLEIN, Jean. *Transmission of the flame*. St. Peter Port, Guernsey, UK: Third Millennium, 1990.

KRISHNAMURTI, J. *This light in oneself:* true meditation [Nossa Luz Interior]. Boston: Shambhala, 1999.

MINDELL, Arnold. *Dreaming while awake:* techniques for 24-hour lucid dreaming. Charlottesville, VA: Hampton Roads, 2000.

RADHA, Swami. *Realities of the dreaming mind*. Toronto, Ontario: Timeless Books, 1994.

RUIZ, Miguel. *The mastery of love:* a practical guide to the art of relationship [O Domínio do Amor]. San Rafael, CA: Amber-Allen, 1999.

TALBOT, Michael. *The holographic Universe*. New York: HarperCollins, 1991.

WOLF, Fred Alan. *The dreaming Universe:* a mind-expanding journey into the realm where psyche and physics meet. New York: Simon & Schuster, 1994.

Christina Donnell, Ph.D.

Christina Donnell, Ph.D., é psicóloga clínica classicamente treinada. Estudou tradições orientais e práticas de energia xamânica dos índios Q'erro, do Peru, durante dezoito anos. Em 1996, fundou a Associação Winds of Change, uma organização educacional dedicada a preservar tradições de sabedoria que tratam da educação e desenvolvimento do espírito humano.

Christina atualmente faz atendimentos em seu consultório e viaja pelo mundo todo realizando workshop intensivo, ministrando palestras públicas e orientando expedições de experimentação. Vive em Minneapolis, Minnesota.

Seus contatos são:
E-mail: windsofchangeLTD@msn.com
Site: www.wocaassoc.com
www.transcendentdreaming.com

Agradecimentos
(edição norte-americana)

Gostaria de expressar minha gratidão às seguintes pessoas:

Minha editora, Ellen Kleiner de Blessingway, por sua extraordinária visão e domínio e por seu afetuoso engajamento com este livro desde a concepção até a conclusão. Admiro seu talento refinado e sua dedicação genuína de trazer a obra de seus autores ao público.

Christina Dent, Louise Dollin, Deborah Goldberg, Beth Moore, Ciara O'Shea, Mary Jo Peppler e Pat Shea, por suas atentas revisões do manuscrito e recomendações inestimáveis.

Steve Moore, por nossa conversa de uma noite toda sob as estrelas que me levaram a decidir publicar este livro.

Sheri Harris, por vinte e cinco anos de amizade espiritual e seu feedback sem censura enquanto revisava múltiplas versões de cada capítulo.

E Margaret Mills, por sua amizade e apoio durante os anos mais árduos de sonho.

Sucessos de *ZIBIA GASPARETTO*

Crônicas e romances mediúnicos.
Mais de dez milhões de exemplares vendidos. Há mais de quinze anos, Zibia Gasparetto vem se mantendo na lista dos mais vendidos, sendo reconhecida como uma das autoras nacionais que mais vendem livros.

Crônicas: Silveira Sampaio

- Pare de Sofrer
- O Mundo em que Eu Vivo
- Bate-Papo com o Além
- O Repórter do Outro Mundo

Crônicas: Zibia Gasparetto

- Conversando Contigo!
- Eles Continuam Entre Nós

Autores Diversos

- Pedaços do Cotidiano
- Voltas que a Vida Dá

Romances: Lucius

- O Amor Venceu
- O Amor Venceu (em edição ilustrada)
- O Morro das Ilusões
- Entre o Amor e a Guerra
- O Matuto
- O Fio do Destino

- Laços Eternos
- Espinhos do Tempo
- Esmeralda
- Quando a Vida Escolhe
- Somos Todos Inocentes
- Pelas Portas do Coração
- A Verdade de Cada Um
- Sem Medo de Viver
- O Advogado de Deus
- Quando Chega a Hora
- Ninguém é de Ninguém
- Quando é Preciso Voltar
- Tudo Tem Seu Preço
- Tudo Valeu a Pena
- Um Amor de Verdade
- Nada é Por Acaso
- O Amanhã a Deus Pertence
- Onde Está Teresa?
- Vencendo o Passado

Sucesso de *SILVANA GASPARETTO*

Obra de autoconhecimento voltada para o universo infantil. Textos que ajudam as crianças a aprenderem a identificar seus sentimentos mais profundos tais como: tristeza, raiva, frustração, limitação, decepção, euforia etc., e naturalmente auxiliam no seu processo de autoestima positiva.

- Fada Consciência

OUTROS AUTORES (Nacionais)

Conheça nossos lançamentos que oferecem a você as chaves para abrir as portas do sucesso, em todas as fases da sua vida.

LOUSANNE DE LUCCA
• Alfabetização Afetiva

MARIA APARECIDA MARTINS
• Primeira Lição – "Uma cartilha metafísica"
• Conexão – "Uma nova visão de mediunidade"
• Mediunidade e Auto-Estima

VALCAPELLI
• Amor Sem Crise

VALCAPELLI e GASPARETTO
• Metafísica da Saúde
    Vol. 1: sistemas respiratório e digestivo
    Vol. 2: sistemas circulatório, urinário e reprodutor
    Vol. 3: sistemas endócrino (incluindo obesidade) e muscular
    Vol. 4: sistema nervoso (incluindo coluna vertebral)

FLAVIO LOPES
• A Vida em Duas Cores

MECO SIMÕES G. FILHO
• Eurico – um urso de sorte (infantil)
• A Aventura Maluca do Papai Noel e do Coelho da Páscoa (infantil)

MAURÍCIO DE CASTRO (pelo espírito Hermes)
• O Amor Não Pode Esperar

RICKY MEDEIROS
- A Passagem
- Quando Ele Voltar
- Pelo Amor ou Pela Dor...
- Vai Amanhecer Outra Vez
- Diante do Espelho

LEONARDO RÁSICA
- Fantasmas do Tempo – Eles Voltaram Para Contar
- Luzes do Passado

VERA LÚCIA CLARO
- Stef – A Sobrevivente

LILIANE MOURA
- Viajando nas Estrelas

LUCIMARA GALLICIA
- Sem Medo do Amanhã

MÁRCIO FIORILLO (ditado por Madalena)
- Em Nome da Lei

MARCELO CEZAR (ditado por Marco Aurélio)
- A Vida Sempre Vence
- Só Deus Sabe
- Nada é como Parece
- Nunca Estamos Sós
- Medo de Amar
- Você Faz o Amanhã
- O Preço da Paz
- Para Sempre Comigo
- A Última Chance

MÔNICA DE CASTRO (ditado por Leonel)
- Uma História de Ontem
- Sentindo na Própria Pele
- Com o Amor não se Brinca
- Até que a Vida os Separe
- O Preço de ser Diferente
- Greta
- Segredo da Alma
- Giselle – A Amante do Inquisidor
- Lembranças que o Vento Traz
- Só por Amor

OUTROS AUTORES (Internacionais)

Arrisque-se para o novo e prepare-se para um surpreendente caminho de autodescoberta.

JOHN RANDOLPH PRICE
- O Livro da Abundância

SANDRA INGERMAN
- Resgate da Alma

SANKARA SARANAM
- Deus Sem Religião

ELI DAVIDSON
- De Derrotada a Poderosa

JOAN SOTKIN
- Desenvolva Seus Músculos Financeiros

ESPAÇO VIDA & CONSCIÊNCIA

É um centro de cultura e desenvolvimento da espiritualidade independente.

Acreditamos que temos muito a estudar para compreender de forma mais clara os mistérios da eternidade.

A Vida parece infinitamente sábia em nos dotar de inteligência para sobreviver com felicidade, e me parece a única saída para o sofrimento humano.

Nosso espaço se dedica inteiramente ao conhecimento filosófico e experimental das Leis da Vida, principalmente aquelas que conduzem os nossos destinos.

Acreditamos que somos realmente esta imensa força vital e eterna que anima a tudo, e não queremos ficar parados nos velhos padrões religiosos que pouco ou nada acrescentaram ao progresso da humanidade.

Assim, mudamos nossa atitude para uma posição mais cientificamente metodológica e resolvemos reinvestigar os velhos temas com uma nova cabeça.

O resultado é de fato surpreendente, ousado, instigador e prático.

É necessário querer estar à frente do seu tempo para possuí-lo.

Luiz Antonio Gasparetto

Mais informações:

Espaço Vida e Consciência – SP
Rua Salvador Simões, 444 – Ipiranga – São Paulo – SP
CEP 04276-000 – Tel./Fax: (11) 5063-2150
Espaço Vida e Consciência – RJ
Rua Santo Amaro, 119 – Glória – Rio de Janeiro – RJ
CEP 22211-230 – Tel./Fax: (21) 3509-0200
E-mail: espaço@vidaeconsciencia.com.br
Site: www.vidaeconsciencia.com.br

INFORMAÇÕES E VENDAS:

Rua Agostinho Gomes, 2312
Ipiranga • CEP 04206-001
São Paulo • SP • Brasil
Fone / Fax: (11) 3577-3200 / 3577-3201
E-mail: editora@vidaeconsciencia.com.br
Site: www.vidaeconsciencia.com.br